(FRIEDR

Frag

Die Christenheit oder Europa

HERAUSGEGEBEN VON
CARL PASCHEK

PHILIPP RECLAM JUN. STUTTGART

Universal-Bibliothek Nr. 8030 [2]

Gesamtherstellung: Reclam, Ditzingen. Printed in Germany 1991

ISBN 3-15-008030-4

Fragmente und Studien

Vermischte Bemerkungen

1797–1798

Freunde, der Boden ist arm, wir müssen reichlichen Samen
Ausstreun, daß uns doch nur mäßige Ernten gedeihn.

1. Wir *suchen* überall das Unbedingte, und *finden* immer nur Dinge.

2. Die Bezeichnung durch Töne und Striche ist eine bewundernswürdige Abstraktion. Vier Buchstaben bezeichnen mir Gott – einige Striche eine Million Dinge. Wie leicht wird hier die Handhabung des Universi! wie anschaulich die Konzentrizität der Geisterwelt! die Sprachlehre ist die Dynamik des Geisterreichs! Ein Kommandowort bewegt Armeen – das Wort Freiheit – Nationen.

3. Der Weltstaat ist der Körper, den die schöne Welt, die gesellige Welt – beseelt. Er ist ihr notwendiges Organ.

4. Lehrjahre sind für den poetischen – akademische Jahre für den philosophischen Jünger.
Akademie sollte ein durchaus philosophisches Institut sein – Nur Eine Fakultät – die ganze Einrichtung zur Erregung und zweckmäßigen Übung der *Denkkraft* – organisiert.
Lehrjahre im vorzüglichen Sinn sind die Lehrjahre der Kunst zu leben. Durch planmäßig geordnete Versuche lernt man ihre Grundsätze kennen und erhält die Fertigkeit nach ihnen beliebig zu verfahren.

5. Der Geist führt einen ewigen Selbstbeweis.

6. Ganz begreifen, werden wir uns nie, aber wir werden und können uns weit mehr, als begreifen.

7. Gewisse *Hemmungen* gleichen den Griffen eines Flötenspielers, der um verschiedene Töne hervorzubringen, bald diese, bald jene Öffnung zuhält, und *willkürliche* Verkettungen stummer und tönender Öffnungen zu machen *scheint*.

8. Der Unterschied zwischen Wahn und Wahrheit liegt in der Differenz ihrer Lebensfunktionen.
Der Wahn lebt von der Wahrheit – die Wahrheit hat ihr Leben in sich. Man vernichtet den Wahn, wie man Krankheiten vernichtet – und der Wahn ist also nichts, als logische Entzündung, oder Verlöschung – Schwärmerei oder Philisterei. Jene hinterläßt gewöhnlich – einen *scheinbaren Mangel an Denkkraft*, der durch nichts zu heben ist, als eine abnehmende Reihe von Inzitamenten (Zwangsmitteln). Diese geht oft in eine *trügliche Lebhaftigkeit* über, deren gefährliche, Revolutionssymptome nur durch eine zunehmende Reihe gewaltsamer Mittel vertrieben werden können.
Beide Dispositionen können nur durch chronische, streng befolgte Kuren verändert werden.

9. Unser sämtliches Wahrnehmungsvermögen gleicht dem Auge. Die Objekte müssen durch entgegengesetzte Media durch, um richtig auf der Pupille zu erscheinen.

10. Die Erfahrung ist die Probe des Rationalen – und so umgekehrt.
Die Unzulänglichkeit der *bloßen* Theorie in der Anwendung, über die der Praktiker oft kommentiert – findet sich gegenseitig in der rationellen Anwendung der *bloßen* Erfahrung und wird von dem echten Philosophen, jedoch mit Selbstbescheidung der Notwendigkeit dieses Erfolgs, vernehmlich genug bemerkt. Der Praktiker verwirft deshalb die bloße Theorie ganz, ohne zu ahnden, wie problematisch die Beantwortung der Frage sein dürfte –

ob die Theorie für die Anwendung, oder die Anwendung um der Theorie willen sei?

11. Der Tod ist eine Selbstbesiegung – die, wie alle Selbstüberwindung, eine neue, leichtere Existenz verschafft.

12. Brauchen wir zum Gewöhnlichen und Gemeinen vielleicht deswegen so viel Kraft und Anstrengung, weil für den eigentlichen Menschen nichts ungewöhnlicher – nichts ungemeiner ist, als armselige Gewöhnlichkeit? Das Höchste ist das Verständlichste – das Nächste, das Unentbehrlichste. Nur durch Unbekanntschaft mit uns selbst – Entwöhnung von uns selbst entsteht hier eine Unbegreiflichkeit, die selbst unbegreiflich ist.

13. Wunder stehn mit naturgesetzlichen Wirkungen in Wechsel – Sie beschränken einander gegenseitig, und machen zusammen ein Ganzes aus. Sie sind vereinigt, indem sie sich gegenseitig aufheben. Kein Wunder ohne Naturbegebenheit und umgekehrt.

14. Die Natur ist Feindin ewiger Besitzungen. Sie zerstört nach festen Gesetzen alle Zeichen des Eigentums, vertilgt alle Merkmale der Formation. Allen Geschlechtern gehört die Erde – jeder hat Anspruch auf alles. Die Frühern dürfen diesem Primogeniturzufalle keinen Vorzug verdanken. Das Eigentumsrecht erlischt zu bestimmten Zeiten. Die Amelioration und Deterioration steht unter unabänderlichen Bedingungen. Wenn aber der Körper ein Eigentum ist, wodurch ich nur die Rechte eines aktiven Erdenbürgers erwerbe, so kann ich durch den Verlust dieses Eigentums nicht mich selbst einbüßen – Ich verliere nichts, als die Stelle in dieser Fürstenschule – und trete in eine höhere Korporation, wohin mir meine geliebten Mitschüler nachfolgen.

15. Leben ist der Anfang des Todes. Das Leben ist um des Todes willen. Der Tod ist Endigung und Anfang

zugleich – Scheidung und nähere Selbstverbindung zugleich. Durch den Tod wird die Reduktion vollendet.

16. Wir sind dem Aufwachen nah, wenn wir träumen, daß wir träumen.

17. Die Phantasie setzt die künftige Welt entw[eder] in die Höhe, oder in die Tiefe, oder in der Metempsychose, zu uns. Wir träumen von Reisen durch das Weltall – Ist denn das Weltall nicht *in uns*? Die Tiefen unsers Geistes kennen wir nicht – Nach Innen geht der geheimnisvolle Weg. In uns, oder nirgends ist die Ewigkeit mit ihren Welten – die Vergangenheit und Zukunft. Die Außenwelt ist die Schattenwelt – Sie wirft ihren Schatten in das Lichtreich. Jetzt scheints uns freilich innerlich so dunkel, einsam, gestaltlos – Aber wie ganz anders wird es uns dünken – wenn diese Verfinsterung vorbei, und der Schattenkörper hinweggerückt ist – Wir werden mehr genießen als je, denn unser Geist hat entbehrt.

18. Darwin macht die Bemerkung, daß wir weniger vom Lichte, beim Erwachen, geblendet werden – wenn wir von sichtbaren Gegenständen geträumt haben. Wohl also denen, die hier schon von Sehn träumten – sie werden früher die Glorie jener Welt ertragen können!

19. Wie kann ein Mensch Sinn für etwas haben, wenn er nicht den Keim davon in sich hat. Was ich verstehn soll, muß sich in mir organisch entwickeln – und was ich zu lernen scheine ist nur Nahrung – Inzitament des Organism.

20. Der Sitz der Seele ist da, wo sich Innenwelt und Außenwelt berühren. Wo sie sich durchdringen – ist er in jedem Punkte der Durchdringung.

21. Das Leben eines wahrhaft kanonischen Menschen muß durchgehends symbolisch sein. Wäre, unter dieser

Voraussetzung nicht jeder Tod ein Versöhnungstod? – Mehr oder weniger, versteht sich – und ließen sich nicht mehrere höchst merkwürdige Folgerungen daraus ziehn?

22. Wer sucht, wird zweifeln. Das Genie sagt aber so dreist und sicher, was es in sich vorgehn sieht weil es nicht in seiner Darstellung und also auch die Darstellung nicht [in] ihm befangen ist, sondern seine Betrachtung und das Betrachtete frei zusammenzustimmen, zu Einem Werke frei sich zu vereinigen scheinen.
Wenn wir von der Außenwelt sprechen, wenn wir wirkliche Gegenstände schildern, so verfahren wir, wie das Genie. So ist also das Genie, das Vermögen von eingebildeten Gegenständen, wie von wirklichen zu handeln, und sie auch, wie diese, zu behandeln. Das Talent darzustellen, genau zu beobachten – zweckmäßig die Beobachtung zu beschreiben – ist also vom Genie verschieden. Ohne dieses Talent sieht man nur halb – und ist nur ein halbes Genie – man kann genialische Anlage haben, die in Ermangelung jenes Talents nie zur Entwicklung kommt.
Ohne Genialität existierten wir alle überhaupt nicht. Genie ist zu allem nötig. Was man aber gewöhnlich Genie nennt – ist Genie des Genies.

23. Das willkürlichste Vorurteil ist, daß dem Menschen das Vermögen *außer sich* zu sein, mit Bewußtsein jenseits der Sinne zu sein, versagt sei. Der Mensch vermag in jedem Augenblicke ein übersinnliches Wesen zu sein. Ohne dies wär er nicht Weltbürger – er wäre ein Tier. Freilich ist die Besonnenheit in diesem Zustande, die Sich-selbst-Findung – sehr schwer, da er so unaufhörlich, so notwendig mit dem Wechsel unsrer übrigen Zustände verbunden ist. Je mehr wir uns aber dieses Zustands bewußt zu sein vermögen, desto lebendiger, mächtiger, genügender ist die Überzeugung, die daraus

entsteht – der Glaube an echte Offenbarungen des Geistes. Es ist kein Schauen – Hören – Fühlen – es ist aus allen dreien zusammengesetzt – mehr, als alles Dreies – eine Empfindung unmittelbarer Gewißheit – eine Ansicht meines wahrhaftesten, eigensten Lebens – die Gedanken verwandeln sich in Gesetze – die Wünsche in Erfüllungen. Für den Schwachen ist das *Faktum dieses Moments ein Glaubensartikel.*
Auffallend wird die Erscheinung besonders beim Anblick mancher menschlicher Gestalten und Gesichter – vorzüglich bei der Erblickung mancher Augen, mancher Mienen, mancher Bewegungen – beim Hören gewisser Worte, beim Lesen gewisser Stellen – bei gewissen Hinsichten auf Leben, Welt und Schicksal. Sehr viele Zufälle, manche Naturereignisse, besondre Jahrs- und Tageszeiten liefern uns solche Erfahrungen. Gewisse Stimmungen sind vorzüglich solchen Offenbarungen günstig. Die meisten sind augenblicklich – wenige verziehend – die wenigsten bleibend. Hier ist viel Unterschied zwischen den Menschen. Einer hat mehr Offenbarungsfähigkeit, als der andre – einer mehr *Sinn*, der andre mehr Verstand für dieselbe. Der letztere wird immer in ihrem sanften Lichte bleiben; wenn der erstere nur abwechselnde Erleuchtungen, aber hellere und mannigfaltigere hat. Dieses Vermögen ist ebenfalls krankheitsfähig, die entw[eder] Überfluß an Sinn und Mangel an Verstand – oder Überfluß an Verstand und Mangel an Sinn bezeichnet.

24. Wenn der Mensch nicht weiter kommen kann, so hilft er sich mit einem Machtspruche, oder einer Machthandlung – einem raschen Entschluß.

25. Scham ist wohl ein Gefühl der Profanation. Freundschaft, Liebe, und Pietät sollten geheimnisvoll behandelt werden. Man sollte nur in seltnen, vertrauten Momenten

davon reden, sich stillschweigend darüber einverstehn – Vieles ist zu zart, um gedacht, noch mehreres um besprochen zu werden.

26. Selbstentäußerung ist die Quelle aller Erniedrigung, sowie im Gegenteil der Grund aller echten Erhebung. Der erste Schritt wird Blick nach innen – absondernde Beschauung unsres Selbst – Wer hier stehn bleibt gerät nur halb. Der 2. Schritt muß wirksamer Blick nach außen – selbsttätige, gehaltne Beobachtung der Außenwelt sein.
Der Mensch wird nie, als Darsteller, etwas Vorzügliches leisten, der nichts weiter darstellen mag, als seine Erfahrungen, seine Lieblings-Gegenstände, der es nicht über sich gewinnen kann, auch einen ganz fremden, ihm ganz uninteressanten Gegenstand, mit Fleiß zu studieren und mit Muße darzustellen. Der Darsteller muß alles darstellen können und wollen. Dadurch entsteht der große Stil der Darstellung, den man, mit Recht, an Goethe, so sehr bewundert.

27. Eine merkwürdige Eigenheit Goethes bemerkt man in seinen Verknüpfungen kleiner, unbedeutender Vorfälle mit wichtigern Begebenheiten. Er scheint keine andre Absicht dabei zu hegen, als die Einbildungskraft, auf eine poetische Weise, mit einem mysteriösen Spiel, zu beschäftigen. Auch hier ist der sonderbare Mann der Natur auf die Spur gekommen und hat ihr einen artigen Kunstgriff abgemerkt. Das gewöhnliche Leben ist voll ähnlicher Zufälle. Sie machen ein Spiel aus, das, wie alles Spiel, auf Überraschung und Täuschung hinausläuft.
Mehrere Sagen des gemeinen Lebens beruhn auf einer Bemerkung dieses verkehrten Zusammenhangs – so z. B. bedeuten *böse Träume* Glück – Totsagen, langes Leben – ein Hase, der über den Weg läuft Unglück. Fast der ganze Aberglaube des gemeinen Volks beruht auf Deutungen dieses Spiels.

28. Die höchste Aufgabe der Bildung ist – sich seines transzendentalen Selbst zu bemächtigen – das Ich ihres Ichs zugleich zu sein. Um so weniger befremdlich ist der Mangel an vollständigen Sinn und Verstand für andre. Ohne vollendetes Selbstverständnis wird man nie andre wahrhaft verstehn lernen.

29. Nur dann zeig ich, daß ich einen Schriftsteller verstanden habe, wenn ich in seinem Geiste handeln kann, wenn ich ihn, ohne seine Individualität zu schmälern, übersetzen, und mannigfach verändern kann.

30. Humor ist eine willkürlich angenommene Manier. Das Willkürliche ist das Pikante daran – Humor ist Resultat einer freien Vermischung des Bedingten und Unbedingten. Durch Humor wird das eigentümlich Bedingte allgemein interessant – und erhält objektiven Wert. Wo Phantasie und Urteilskraft sich berühren entsteht Witz – wo sich Vernunft und Willkür paaren – Humor. Persiflage gehört zum Humor, ist aber um einen Grad geringer – Sie ist nicht mehr rein artistisch – ⟨und viel beschränkter. In heitern Seelen gibts keinen Witz. Witz zeigt ein gestörtes Gleichgewicht an – Er ist die Folge der Störung, und zugleich das Mittel der Herstellung. Den stärksten Witz hat die Leidenschaft. Echt geselliger Witz ist ohne Knall. Es gibt eine Art desselben, die nur magisches Farbenspiel in höhern Sphären ist. Der Zustand der Auflösung aller Verhältnisse – die Verzweiflung, oder das geistige Sterben – ist am fürchterlichsten witzig.
Das Unbedeutende, Gemeine, Rohe, Häßliche, Ungesittete wird *durch Witz allein*, gesellschaftsfähig. Es ist gleichsam nur um *des Witzes willen* – Seine Zweckbestimmung ist der Witz.⟩

31. ⟨Geistvoll ist das worin sich der Geist unaufhörlich offenbart – wenigstens oft von neuen, in veränderter

Gestalt wieder erscheint – Nicht bloß etwa nur einmal – so im Anfang – wie bei vielen philosophischen Systemen.⟩

32. Wir sind auf einer *Mission.* Zur Bildung der Erde sind wir berufen. Wenn uns ein Geist erschiene, so würden wir uns sogleich unsrer eignen Geistigkeit bemächtigen – wir würden inspiriert sein, durch uns und den Geist zugleich – Ohne Inspiration keine Geistererscheinung. Inspiration ist Erscheinung und Gegenerscheinung, Zueignung und Mitteilung zugleich.

33. Der Mensch lebt, wirkt nur in der Idee fort – durch die Erinnerung an sein Dasein. Vorderhand gibt's kein anderes Mittel der Geisterwirkungen auf dieser Welt. Daher ist es Pflicht an die Verstorbenen zu denken. Es ist der einzige Weg in Gemeinschaft mit ihnen zu bleiben. Gott selbst ist auf keine andre Weise bei uns wirksam – als durch den Glauben.

34. Interesse ist Teilnahme an dem Leiden und der Tätigkeit eines Wesens. Mich interessiert etwas, wenn es mich zur Teilnahme zu erregen weiß. Kein Interesse ist interessanter, als was man an sich selbst nimmt – so wie der Grund einer merkwürdigen Freundschaft und Liebe, die Teilnahme ist, zu der mich ein Mensch reizt, der mit sich selbst beschäftigt ist, der mich durch seine Mitteilung gleichsam einladet an seinem Geschäfte teilzunehmen.

35. Wer den Witz erfunden haben mag? Jede zur Besinnung gebrachte Eigenschaft – Handlungsweise unsers Geistes ist im eigentlichsten Sinn eine neuentdeckte Welt.

36. Was Schlegel so scharf, als Ironie, charakterisiert, ist, meinem Bedünken nach, nichts anders – als die Folge, der Charakter der echten Besonnenheit – der wahrhaften

Gegenwart des Geistes. Der Geist erscheint immer nur in *fremder, luftiger* Gestalt. Schlegels Ironie scheint mir echter Humor zu sein. Mehrere Namen sind einer Idee vorteilhaft.

37. Jetzt regt sich nur hie und da Geist – wenn wird der Geist sich im *Ganzen* regen? – wenn wird die Menschheit in Masse sich selbst zu besinnen anfangen?

38. Der Mensch besteht in der Wahrheit – Gibt er die Wahrheit preis, so gibt er sich selbst preis. Wer die Wahrheit verrät, verrät sich selbst. Es ist hier nicht die Rede vom Lügen – sondern vom Handeln gegen Überzeugung.

39. Von einem liebenswerten Gegenstande können wir nicht genug hören, nicht genug sprechen. Wir freuen uns über jedes neue, treffende, verherrlichende Wort. Es liegt nicht an uns, daß er nicht Gegenstand aller Gegenstände wird.

40. Wir halten einen leblosen Stoff wegen seiner Beziehungen, seiner Formen fest. Wir lieben den Stoff insofern er zu einem geliebten Wesen gehört, seine Spur trägt, oder Ähnlichkeit mit ihm hat.

41. Ein echter Klub ist eine Mischung von Institut und Gesellschaft – Er hat einen Zweck, wie das Institut – aber keinen bestimmten, sondern einen unbestimmten – freien – Humanität überhaupt. Aller Zweck ist ernsthaft – die Gesellschaft ist durchaus fröhlich.

42. Die Gegenstände der gesellschaftlichen Unterhaltung sind nichts, *als Mittel der Belebung*. Dies bestimmt ihre Wahl – ihren Wechsel – ihre Behandlung. Die Gesellschaft ist nichts, als *gemeinschaftliches Leben* – Eine unteilbare denkende und fühlende Person. Jeder Mensch ist eine kleine Gesellschaft.

43. In-sich-Zurückgehn bedeutet bei uns, von der Außenwelt abstrahieren. Bei den Geistern heißt analogisch, das irdische Leben eine innre Betrachtung – ein In-sich-Hineingehn – ein immanentes Wirken. So entspringt das irdische Leben aus einer ursprünglichen Reflexion – einem primitiven Hineingehn, Sammeln-in-sich-selbst – das so frei ist, als unsre Reflexion. Umgekehrt entspringt das geistige Leben in dieser Welt aus einem Durchbrechen jener primitiven Reflexion – der Geist entfaltet sich wiederum – der Geist geht zu sich selbst wieder heraus – hebt zum Teil jene Reflexion wieder auf – und in diesem Moment sagt er zum erstenmal – Ich. Man sieht hier, wie relativ das Herausgehn und Hineingehn ist. Was wir Hineingehn nennen, ist eigentlich Herausgehn – eine Wiederannahme der anfänglichen Gestalt.

44. Ob sich nicht etwas für die neuerdings so sehr gemißhandelten Alltagsmenschen sagen ließe? Gehört nicht zur beharrlichen Mittelmäßigkeit die meiste Kraft? und soll der Mensch mehr, als einer aus dem Popolo sein?

45. Wo echter Hang zum Nachdenken, nicht bloß zum Denken dieses oder jenes Gedankens, herrschend ist – da ist auch *Progredibilität.* Sehr viele Gelehrte besitzen diesen Hang nicht. Sie haben schließen und folgern gelernt, wie ein Schuster das Schuhmachen, ohne je auf den Einfall zu geraten, oder sich zu bemühen den Grund der Gedanken zu finden. Dennoch liegt das Heil auf keinem andern Wege. Bei vielen währt dieser Hang nur eine Zeitlang – Er wächst und nimmt ab – sehr oft mit den Jahren – oft mit dem Fund eines Systems, das sie nur suchten, um der Mühe des Nachdenkens ferner überhoben zu sein.

46. Irrtum und Vorurteil sind Lasten – indirekt reizende Mittel für den Selbsttätigen, jeder Last Gewachsenen – für den Schwachen sind sie positiv schwächende Mittel.

47. Das Volk ist eine Idee. Wir sollen ein Volk werden. Ein vollkommner Mensch ist ein kleines Volk. Echte Popularität ist das höchste Ziel des Menschen.

48. Jede Stufe der Bildung fängt mit Kindheit an. Daher ist der am meisten gebildete, irdische Mensch dem Kinde so ähnlich.

49. Der transzendentale Gesichtspunkt für dieses Leben erwartet uns – dort wird es uns erst recht interessant werden.

50. Jeder geliebte Gegenstand ist der Mittelpunkt eines Paradieses.

51. Das Interessante ist, was mich nicht, um Mein Selbst Willen, sondern nur, als Mittel, als Glied, in Bewegung setzt. *Das Klassische* stört mich gar nicht – es affiziert mich nur indirecte durch mich selbst – Es ist nicht für mich da, als klassisch, wenn ich es nicht setze, als ein solches, das mich nicht affizieren würde, wenn ich mich nicht selbst zur Hervorbringung desselben für mich, bestimmte – anrührte, wenn ich nicht ein Stück von mir selbst losrisse, und diesen Keim sich auf eine eigentümliche Weise vor meinen Augen entwickeln ließe – eine Entwickelung, die oft nur einen Moment bedarf – und mit der sinnlichen Wahrnehmung des Objekts zusammenfällt – so daß ich ein Objekt vor mir sehe, in welchem das gemeine Objekt und das Ideal, *wechselseitig durchdrungen*, nur Ein wunderbares Individuum bilden.

52. Formeln für Kunstindividuen finden, durch die sie im eigentlichsten Sinn erst verstanden werden, macht das Geschäft des artistischen Kritikers aus – dessen Arbeiten die Geschichte der Kunst vorbereiten.

53. Je verworrner ein Mensch ist / man nennt die Verworrenen Dummköpfe / desto mehr kann durch fleißiges

Selbststudium aus ihm werden – dahingegen die geordneten Köpfe trachten müssen wahre Gelehrte – gründliche Enzyklopädisten zu werden. Die Verwornen haben im Anfang mit mächtigen Hindernissen zu kämpfen – Sie dringen nur *langsam* ein – Sie lernen mit Mühe arbeiten – dann aber sind sie auch Herrn und Meister auf immer. Der Geordnete kommt geschwind hinein – aber auch geschwind heraus – Er erreicht bald die 2. Stufe – aber da bleibt er auch gewöhnlich stehn. Ihm werden die letzten Schritte beschwerlich, und selten kann er es über sich gewinnen – schon bei einem gewissen Grade von Meisterschaft sich wieder in den Zustand eines Anfängers zu versetzen.
Verworrenheit deutet auf Überfluß an Kraft und Vermögen – aber mangelhafte Verhältnisse – Bestimmtheit – auf richtige Verhältnisse, aber sparsames Vermögen und Kraft.
Daher ist der Verworrne so progressiv – so perfektibel – dahingegen der Ordentliche, so früh, als Philister aufhört.
Ordnung und Bestimmtheit ist allein nicht Deutlichkeit. Durch Selbstbearbeitung kommt der Verworrene zu jener himmlischen Durchsichtigkeit – zu jener Selbsterleuchtung – die der Geordnete so selten erreicht.
Das wahre Genie verbindet diese Extreme. Es teilt die Geschwindigkeit mit dem letzten und die Fülle mit dem ersten.

54. Das Individuum interessiert nur. Daher ist alles Klassische nicht individuell.

55. Genialer Scharfsinn ist scharfsinniger Gebrauch des Scharfsinns.

56. Der wahre Brief ist, seiner Natur nach, *poetisch*.

57. Witz, als Prinzip der Verwandtschaften, ist zugleich das Menstruum universale.

Witzige Vermischungen sind z. B. Jude und Kosmopolit – Kindheit und Weisheit – Räuberei und Edelmut – Tugend und Hetairie – Überfluß und Mangel an Urteilskraft, in der Naivität – und so fort in infinitum.

58. Der Mensch erscheint am würdigsten, wenn sein erster Eindruck – der Eindruck eines absolut witzigen Einfalls ist – nämlich Geist und bestimmtes Individuum zugleich zu sein. Einen jeden vorzüglichen Menschen muß gleichsam ein Geist zu durchschweben scheinen, der die sichtbare Erscheinung idealisch parodiert.
Bei manchen Menschen zeigt oft dieser Geist der sichtbaren Erscheinung den Hintern.

59. Gesellschaftstrieb ist Organisationstrieb. Durch diese geistige Assimilation entsteht oft aus gemeinen Bestandteilen eine gute Gesellschaft um einen geistvollen Menschen her.
Das Interessante ist die Materie, die sich um die Schönheit bewegt.
Wo Geist und Schönheit ist, häuft sich in konzentrischen Schwingungen das Beste aller Naturen.

60. Der Deutsche ist lange das Hänschen gewesen. Er dürfte aber wohl bald der Hans aller Hänse werden.
Es geht ihm, wie es vielen dummen Kindern gehn soll – er wird leben und klug sein, wenn seine frühklugen Geschwister längst vermodert sind, und er nun allein Herr im Hause ist.

61. Das Beste an den Wissenschaften ist ihr philosophisches Ingredienz – wie das Leben am organischen Körper. Man dephilosophiere die Wissenschaften – was bleibt übrig – Erde, Luft und Wasser.

62. Menschheit ist eine humoristische Rolle.

63. Unsre alte Nationalität, war, wie mich dünkt, echt römisch – natürlich, weil wir auf eben dem Wege wie die

Römer, entstanden – und so wäre der Name, römisches Reich, wahrlich ein artiger, sinnreicher Zufall. Deutschland ist Rom, als Land. Ein Land ist ein großer Ort mit seinen Gärten. Das Kapitol ließe sich vielleicht nach dem Gänsegeschrei vor den Galliern bestimmen. Die instinktartige, Universalpolitik und Tendenz der Römer liegt auch im deutschen Volk. Das Beste, was die Franzosen in der Revolution gewonnen haben, ist eine Portion Deutschheit.

64. Gerichtshöfe, Theater, Hof, Kirche, Regierung, öffentliche Zusammenkünfte – Akademien, Kollegien etc. sind gleichsam die speziellen, innern Organe des mystischen Staatsindividuums.

65. Alle Zufälle unsers Lebens sind Materialien, aus denen wir machen können, was wir wollen. Wer viel Geist hat macht viel aus seinem Leben – Jede Bekanntschaft, jeder Vorfall wäre für den durchaus Geistigen – erstes Glied einer unendlichen Reihe – Anfang eines unendlichen Romans.

66. Deutsche gibt es überall. Germanität ist so wenig, wie Romanität, Gräzität, oder Britannität auf einen besondern Staat eingeschränkt – Es sind allgemeine Menschencharaktere – die nur hie und da vorzüglich allgemein geworden sind. Deutschheit ist echte Popularität und darum ein Ideal.

67. Der edle Kaufmannsgeist, der echte Großhandel, hat nur im Mittelalter, und besonders zur Zeit der deutschen Hanse geblüht. Die Medicis, die Fugger waren Kaufleute, wie sie sein sollten – Unsre Kaufleute im Ganzen, die Hopes und Teppers nicht ausgenommen, sind nichts, als Krämer.

68. Eine Übersetzung ist entweder grammatisch, oder verändernd, oder mythisch. Mythische Übersetzungen sind Übersetzungen im höchsten Stil. Sie stellen den

reinen, vollendeten Charakter des individuellen Kunstwerks dar. Sie geben uns nicht das wirkliche Kunstwerk, sondern das Ideal desselben. Noch existiert, wie ich glaube kein ganzes Muster derselben. Im Geist mancher Kritiken und Beschreibungen von Kunstwerken trifft man aber helle Spuren. Es gehört ein Kopf dazu, indem sich poetischer Geist und philosophischer Geist in ihrer ganzen Fülle durchdrungen haben. Die griechische Mythologie ist zum Teil eine solche Übersetzung einer Nationalreligion. Auch die moderne Madonna ist ein solcher Mythus.
Grammatische Übersetzungen sind die Übersetzungen im gewöhnlichen Sinn. Sie erfodern sehr viel Gelehrsamkeit – aber nur diskursive Fähigkeiten.
Zu den verändernden Übersetzungen gehört, wenn sie echt sein sollen, der höchste, poetische Geist. Sie streifen leicht in die Travestie – wie Bürgers Homer in Jamben – Popens Homer – die französischen Übersetzungen insgesamt. Der wahre Übersetzer dieser Art muß in der Tat der Künstler selbst sein und die Idee des Ganzen beliebig so oder so geben können – Er muß der Dichter des Dichters sein und ihn also nach seiner und des Dichters eigner Idee *zugleich* reden lassen können. In einem ähnlichen Verhältnisse steht der Genius der Menschheit mit jedem einzelnen Menschen.
Nicht bloß Bücher, alles kann auf diese drei Arten übersetzt werden.

69. Im höchsten Schmerz tritt zuweilen eine Paralysis der Empfindsamkeit ein. Die Seele zersetzt sich – daher der tödliche Frost – die freie Denkkraft – der schmetternde, unaufhörliche Witz dieser Art von Verzweiflung. Keine Neigung ist mehr vorhanden – der Mensch steht, wie eine verderbliche Macht, allein – Unverbunden mit der übrigen Welt verzehrt er sich allmählich selbst – und ist seinem Prinzip nach – Misanthrop und Misotheos.

70. Unsre Sprache ist entweder – mechanisch – atomistisch – oder dynamisch. Die echt poetische Sprache soll aber organisch lebendig sein. Wie oft fühlt man die Armut an Worten – um mehrere Ideen mit Einem Schlage zu treffen.

71. Im Staat ist alles Schauhandlung – im Volk alles Schauspiel. Das Leben des Volks ist ein Schauspiel. Schriften sind die Gedanken des Staats – die Archive sein Gedächtnis.

72. Je mehr sich unsre Sinne verfeinern, desto fähiger werden sie zur Unterscheidung der Individuen. Der höchste Sinn wäre die höchste Empfänglichkeit für eigentümliche Natur. Ihm entspräche das Talent der Fixierung des Individuums, dessen Fertigkeit und Energie relativ ist. Wenn der Willen sich in Beziehung auf diesen Sinn äußert, so entstehn die Leidenschaften für oder gegen Individualitäten – Liebe und Haß.
Die Meisterschaft im Spiel seiner eignen Rolle verdankt man der Richtung dieses Sinns auf sich selbst bei herrschender Vernunft.

73. Nichts ist zur wahren Religiosität unentbehrlicher, als ein Mittelglied – das uns mit der Gottheit verbindet. Unmittelbar kann der Mensch schlechterdings nicht mit derselben in Verhältnis stehn. In der Wahl dieses Mittelglieds muß der Mensch durchaus frei sein. Der mindeste Zwang hierin schadet seiner Religion. Die Wahl ist charakteristisch und es werden mithin die gebildeten Menschen ziemlich gleiche Mittelglieder wählen – dahingegen der Ungebildete gewöhnlich durch Zufall hier bestimmt werden wird. Da aber so wenig Menschen einer freien Wahl überhaupt fähig sind – so werden manche Mittelglieder allgemeiner werden – sei es durch Zufall – durch Assoziation, oder ihre besondre Schicklichkeit dazu. Auf diese Art entstehn Landesreligionen.

Je selbstständiger der Mensch wird, desto mehr vermindert sich die Quantität des Mittelglieds, die Qualität verfeinert sich – und seine Verhältnisse zu demselben werden mannigfaltiger und gebildeter – Fetische – Gestirne – Tiere – Helden – Götzen – Götter – *Ein* Gottmensch. Man sieht bald, wie relativ diese Wahlen sind und wird unvermerkt auf die Idee getrieben – daß das Wesen der Religion wohl nicht von der Beschaffenheit des Mittlers abhänge, sondern lediglich in der Ansicht desselben, in den Verhältnissen zu ihm bestehe.
Es ist ein Götzendienst, im weitern Sinn, wenn ich diesen Mittler in der Tat für Gott selbst ansehe. Es ist *Irreligion*, wenn ich gar keinen Mittler annehme – und insofern ist Aberglaube, oder Götzendienst – und Unglaube – oder Theismus, den man auch ältern Judaism nennen kann – beides *Irreligion.* Hingegen ist Atheism nur Negation aller Religion überhaupt und hat also gar nichts mit der Religion zu schaffen. Wahre Religion ist, die jenen Mittler, als Mittler annimmt – ihn gleichsam für das Organ der Gottheit hält – für ihre sinnliche Erscheinung. In dieser Hinsicht erhielten die Juden zur Zeit der Babylonischen Gefangenschaft eine echt religiöse Tendenz – eine religiöse Hoffnung – einen Glauben an eine künftige Religion – der sie auf eine wunderbare Weise von Grund aus umwandelte und sie in der merkwürdigsten Beständigkeit bis auf unsre Zeiten erhielt.
Die wahre Religion scheint aber bei einer nähern Betrachtung abermals antinomisch geteilt – in Pantheismus und Entheismus. Ich bediene mich hier einer Lizenz – indem ich Pantheism nicht im gewöhnlichen Sinn nehme – sondern darunter die Idee verstehe – daß alles Organ der Gottheit – Mittler sein könne, indem ich es dazu erhebe – so wie Entheism im Gegenteil den Glauben bezeichnet, daß es nur Ein solches Organ in der Welt für uns gebe, das allein der Idee eines Mittlers angemessen sei, und wodurch Gott allein sich vernehmen lasse –

welches ich also zu wählen durch mich selbst genötigt werde – denn ohnedem würde der Entheism nicht wahre Religion sein.

So unverträglich auch beide zu sein scheinen, so läßt sich doch ihre Vereinigung bewerkstelligen – wenn man den entheistischen Mittler zum Mittler der Mittelwelt des Pantheisten macht – und diese gleichsam durch ihn zentriert – so daß beide einander, jedoch auf verschiedene Weise, nezessitieren.

Das Gebet, oder der religiöse Gedanke besteht also aus einer dreifach aufsteigenden, unteilbaren Abstraktion oder Setzung. Jeder Gegenstand kann dem Religiösen ein Tempel, im Sinn der Auguren, sein. Der Geist dieses Tempels ist der allgegenwärtige Hohe Priester – der entheistische Mittler – welcher allein im unmittelbaren Verhältnisse mit dem Allvater steht.

74. Die Basis aller ewigen Verbindung ist eine absolute Tendenz, nach allen Richtungen. Darauf beruht die Macht der Hierarchie, der echten Masonnerie, und des unsichtbaren Bundes echter Denker – hierin liegt die Möglichkeit einer Universalrepublik – welche die Römer bis zu den Kaisern zu realisieren begonnen hatten. Zuerst verließ August diese Basis – und Hadrian zerstörte sie ganz.

75. Fast immer hat man den Anführer, den ersten Beamten des Staats – mit dem Repräsentanten des Genius der Menschheit vermengt, der zur Einheit der *Gesellschaft* oder des Volks gehört. Im Volk ist, wie schon oben gesagt wurde, alles *Schauspiel* – mithin muß auch der Geist des Volks sichtbar sein. Dieser sichtbare Geist kommt entweder, wie im tausendjährigen Reiche ohne unser Zutun – oder er wird einstimmig, durch ein lautes oder stilles Einverständnis gewählt.

Es gibt viel interessante hieher gehörige Züge aus der Geschichte – z. B. in Indien ist an einigen Orten Feld-

herr und Priester getrennt gewesen, und der Feldherr hat die 2. Rolle gespielt.
Der Priester muß uns nicht irremachen. Dichter und Priester waren im Anfang eins – und nur spätere Zeiten haben sie getrennt. Der echte Dichter ist aber immer Priester, so wie der echte Priester immer Dichter geblieben – und sollte die Zukunft nicht den alten Zustand der Dinge wieder herbeiführen? Jener Repräsentant des Genius der Menschheit dürfte leicht der Dichter kat exochin sein.
Übrigens aber ist es eine unwidersprechliche Tatsache, daß die meisten Fürsten nicht eigentlich Fürsten – sondern gewöhnlich mehr oder minder eine Art von *Repräsentanten des Genius ihrer Zeit* waren, und die Regierung mehrenteils, wie billig, in subalternen Händen sich befand.

76. Unser Alltagsleben besteht aus lauter erhaltenden, immer wiederkehrenden Verrichtungen. Dieser Zirkel von Gewohnheiten ist nur Mittel zu einem Hauptmittel, unserm irdischen Dasein überhaupt – das aus mannigfaltigen Arten zu existieren, gemischt ist.
Philister leben nur ein Alltagsleben. Das Hauptmittel scheint ihr einziger Zweck zu sein. Sie tun das alles, um des irdischen Lebens willen, wie es scheint, und nach ihren eignen Äußerungen scheinen muß. Poesie mischen sie nur zur *Notdurft* unter, weil sie nun einmal an eine gewisse Unterbrechung ihres täglichen Laufs gewöhnt sind. In der Regel erfolgt diese Unterbrechung alle 7 Tage – und könnte ein poetisches Septanfieber heißen. Sonntags ruht die Arbeit – sie leben ein bißchen besser, als gewöhnlich und dieser Sonntagsrausch endigt sich mit einem etwas tiefern Schlafe, als sonst; daher auch montags alles noch einen raschern Gang hat. Ihre Parties de plaisir müssen konventionell, gewöhnlich, modisch sein – aber auch ihr Vergnügen verarbeiten sie, wie alles,

mühsam und förmlich. Den höchsten Grad seines poetischen Daseins erreicht er bei einer Reise, Hochzeit, Kindtaufe, und in der Kirche. Hier werden seine kühnsten Wünsche befriedigt, und oft übertroffen.
Ihre sogenannte Religion wirkt bloß, wie ein Opiat – reizend – betäubend – Schmerzen aus Schwäche stillend. Ihre Früh- und Abendgebete sind ihnen, wie Frühstück und Abendbrot, notwendig. Sie könnens nicht mehr lassen. Der derbe Philister stellt sich die Freuden des Himmels unter dem Bilde einer Kirmes – einer Hochzeit – einer Reise oder eines Balls vor. Der sublimierte – macht aus dem Himmel eine prächtige Kirche – mit schöner Musik, vielem Gepränge – mit Stühlen für das gemeine Volk parterre, und Kapellen und Emporkirchen für die Vornehmern.
Die Schlechtesten unter ihnen sind die revolutionären Philister, wozu auch der Hefen der fortgehenden Köpfe, die habsüchtige Race gehört.
Grober Eigennutz ist das notwendige Resultat armseliger Beschränktheit. Die gegenwärtige Sensation ist die lebhafteste, die höchste eines Jämmerlings. Über diese kennt er nichts Höheres – Kein Wunder, daß der durch die äußern Verhältnisse par force dressierte Verstand – nur der listige Sklav eines solchen stumpfen Herrn ist und nur für dessen Lüste sinnt und sorgt.

77. In den ersten Zeiten der Entdeckung der Urteilskraft war jedes neue Urteil ein Fund. Der Wert dieses Fundes stieg je anwendbarer, je fruchtbarer dieses Urteil war. Zu Sentenzen, die uns jetzt sehr gemein vorkommen gehörte damals noch ein ungewöhnlicher Grad Leben des Verstandes. Man mußte Genie und Scharfsinn aufbieten um, mittelst des neuen Werkzeugs, neue Verhältnisse zu finden. Die Anwendung desselben auf die eigentümlichsten, interessantesten, und allgemeinsten Seiten der Menschheit mußte vorzügliche Bewunderung erregen

und die Aufmerksamkeit aller guten Köpfe auf sich ziehn. So entstanden die gnomischen Massen, die man zu allen Zeiten und bei allen Völkern so hoch geschätzt hat. Es wäre leicht möglich, daß unsere jetzigen genialischen Entdeckungen im Laufe der Zeiten ein ähnliches Schicksal träfe. Es könnte leicht eine Zeit kommen, wo das alles so gemein wäre, wie jetzt Sittensprüche und neue, erhabnere Entdeckungen den rastlosen Geist der Menschen beschäftigten.

78. Ein Gesetz ist seinem Begriffe nach, wirksam. Ein unwirksames Gesetz ist kein Gesetz. Gesetz ist ein kausaler Begriff – Mischung von Kraft und Gedanken. Daher ist man sich nie eines Gesetzes, als solchen, bewußt. Insofern man an ein Gesetz denkt ist es nur ein Satz, i. e. ein Gedanke mit einem Vermögen verbunden – Ein widerstehender, ein beharrlicher Gedanke ist ein strebender Gedanke und vermittelt das Gesetz und den bloßen Gedanken.

79. Eine allzugroße Dienstfertigkeit der Organe wür[de] dem irdischen Dasein gefährlich sein. Der Geist in seinem jetzigen Zustande würde eine zerstörende Anwendung davon machen. Eine gewisse *Schwere* des Organs hindert ihn an allzu willkürlicher Tätigkeit, und reizt ihn zu einer regelmäßigen Mitwirkung, wie sie sich für die irdische Welt schickt. Es ist unvollkommner Zustand desselben, daß ihn diese Mitwirkung so ausschließlich an diese Welt bindet – daher ist sie, ihrem Prinzip nach, terminiert.

80. Die Rechtslehre entspricht der Physiologie – die Moral der Psychologie. Die Vernunftgesetze der Rechts- und Sittenlehre in Naturgesetze verwandelt gibt die Grundsätze der Physiologie und Psychologie.

81. Flucht des Gemeingeistes ist Tod.

82. In den meisten Religionssystemen werden wir, als Glieder der Gottheit betrachtet, die, wenn sie nicht den Impulsionen des Ganzen gehorchen, die, wenn sie auch nicht absichtlich gegen die Gesetze des Ganzen agieren, sondern nur ihren eignen Gang gehn und nicht Glieder sein wollen, von der Gottheit ärztlich behandelt – und entw[eder] schmerzhaft geheilt, oder gar abgeschnitten werden.

83. Jede spezifische Inzitation verrät einen spezifischen Sinn. Je neuer sie ist, desto plumper, aber desto stärker – Je bestimmter, je ausgebildeter mannigfacher sie wird, desto schwächer. So erregte der erste Gedanke an Gott eine gewaltsame Emotion im ganzen Individuo – so die erste Idee von Philosophie – von Menschheit, Weltall usw.

84. *Innigste Gemeinschaft aller Kenntnisse* – szientifische Republik ist der hohe Zweck der Gelehrten.

85. Sollte nicht die Distanz einer besondern Wissenschaft von der allgemeinen – und so der Rang der Wissenschaften untereinander – nach der Zahl ihrer Grundsätze zu rechnen sein? Je weniger Grundsätze, desto höher die Wissenschaft.

86. Man versteht das Künstliche gewöhnlich besser, als das Natürliche. Es gehört mehr Geist auch zum Einfachen, als zum Komplizierten – aber weniger Talent.

87. Werkzeuge armieren den Menschen. Man kann wohl sagen, der Mensch versteht eine Welt hervorzubringen – es mangelt ihm nur am gehörigen Apparat – an der verhältnismäßigen Armatur seiner Sinneswerkzeuge. Der Anfang ist da. So liegt das Prinzip eines Kriegsschiffs in der Idee des Schiffbaumeisters, der durch Menschenhaufen und gehörige Werkzeuge und Materialien diesen Gedanken zu verkörpern vermag – indem er

durch alles dieses sich gleichsam zu einer ungeheuern Maschine macht.
So erforderte die Idee eines Augenblicks oft ungeheure Organe – ungeheure Massen von Materien, und der Mensch ist also, wo nicht actu, doch potentia, Schöpfer.

88. In jeder Berührung entsteht eine Substanz, deren Wirkung so lange, als die Berührung, dauert. Dies ist der Grund aller synthetischen Modifikationen des Individuums.
Es gibt aber einseitige und wechselseitige Berührungen – Jene begründen diese.

89. Je unwissender man von Natur ist, desto mehr Kapazität für das Wissen. Jede neue Erkenntnis macht einen viel tiefern, lebendigern Eindruck. Man bemerkt dieses deutlich beim Eintritt in eine Wissenschaft. Daher verliert man durch zu vieles Studieren an Kapazität. Es ist eine der ersten Unwissenheit entgegengesetzte Unwissenheit. Jene ist Unwissenheit aus Mangel – diese aus Überfluß der Erkenntnisse. Letztere pflegt die Symptome des Skeptizismus zu haben – Es ist aber ein Skeptizismus spurius – aus indirekter Schwäche unsres Erkenntnisvermögens. Man ist nicht imstande die Masse zu durchdringen und sie in bestimmter Gestalt vollkommen zu beleben – die *plastische Kraft* reicht nicht zu. So wird der Erfindungsgeist junger Köpfe, und der Schwärmer – sowie der glückliche Griff des geistvollen Anfängers, oder Laien leicht erklärbar.

90. Welten bauen genügt nicht dem tiefer langenden Sinne,
Aber ein liebendes Herz sättigt den strebenden Geist.

91. Wir stehn in Verhältnissen mit allen Teilen des Universums – so wie mit Zukunft und Vorzeit.
Es hängt nur von der Richtung und Dauer unsrer Aufmerksamkeit ab, welches Verhältnis wir vorzüglich aus-

bilden, welches für uns vorzüglich wichtig – und wirksam werden soll. Eine echte Methodik dieses Verfahrens dürfte nichts weniger, als jene längst gewünschte Erfindungskunst sein – Es dürfte wohl mehr noch, als diese sein. Der Mensch verfährt stündlich nach ihren Gesetzen und die Möglichkeit dieselben durch geniale Selbstbeobachtung zu finden ist unzweifelhaft.

92. Der Geschichtschreiber organisiert historische Wesen. Die Data der Geschichte sind die Masse, der der Geschichtschreiber Form gibt – durch Belebung. Mithin steht auch die Geschichte unter den Grundsätzen der Belebung und Organisation überhaupt und bevor nicht diese Grundsätze da sind, gibt es auch keine echten historischen Kunstgebilde – sondern nichts, als hie und da, Spuren zufälliger Belebungen, wo *unwillkürliches* Genie gewaltet hat.

93. Beinah alles Genie war bisher einseitig – Resultat einer krankhaften Konstitution. Die eine Klasse hatte zu viel äußern, die andre zu viel innern Sinn. Selten gelang der Natur ein Gleichgewicht zwischen beiden – eine vollendete, genialische Konstitution. Durch Zufälle entstand oft eine vollkommne Proportion, aber nie konnte diese von Dauer sein, weil sie nicht durch den Geist aufgefaßt und fixiert ward – Es blieb bei glücklichen Augenblicken. Das erste Genie, *das sich selbst durchdrang*, fand hier den typischen Keim einer unermeßlichen Welt – Es machte eine Entdeckung, die die merkwürdigste in der Weltgeschichte sein mußte – denn es beginnt damit eine ganz neue Epoke der Menschheit – und auf dieser Stufe wird erst wahre Geschichte aller Art möglich – denn der Weg, der bisher zurückgelegt wurde, macht nun ein *eignes*, durchaus erklärbares Ganze aus. Jene Stelle außer der Welt ist gegeben, und Archimed kann nun sein Versprechen erfüllen.

94. Vor der Abstraktion ist alles eins – aber eins, wie das Chaos – Nach der Abstraktion ist wieder alles vereinigt – aber diese Vereinigung ist eine freie Verbündung selbstständiger, selbstbestimmter Wesen – Aus einem Haufen ist eine Gesellschaft geworden – das Chaos ist in eine mannigfaltige Welt verwandelt.

95. Wenn die Welt gleichsam ein Niederschlag aus der Menschennatur ist, so ist die Götterwelt eine Sublimation derselben. Beide geschehn uno actu. Keine Präzipitation ohne Sublimation. Was dort an Agilität verloren geht, wird hier gewonnen.

96. Wo Kinder sind, da ist ein goldnes Zeitalter.

97. Sicherheit für sich selbst und den unsichtbaren Mächten war die Basis der bisherigen geistlichen Staaten.

98. Der Gang der Approximation ist aus zunehmenden Progressen und Regressen zusammengesetzt. Beide retardieren – Beide beschleunigen – beide führen zum Ziel. So scheint sich im Roman der Dichter bald dem Ziel zu nähern, bald wieder zu entfernen und nie ist es näher, als wenn es am entferntesten zu sein scheint.

99. Ein Verbrecher kann sich über Unrecht nicht beklagen, wenn man ihn hart und unmenschlich behandelt. Sein Verbrechen war ein Eintritt ins Reich der Gewalt, der Tyrannei. Maß und Proportion gibt es nicht in dieser Welt – daher darf ihn die Unverhältnismäßigkeit der Gegenwirkung nicht befremden.

100. ⟨Die Fabellehre enthält die Geschichte der urbildlichen Welt – Sie begreift Vorzeit, Gegenwart und Zukunft.
Die Menschenwelt ist das gemeinschaftliche Organ der Götter. Poesie vereinigt sie, wie uns.⟩

101. Schlechthin *ruhig* erscheint, was in Rücksicht der Außenwelt schlechthin unbeweglich ist. So mannigfach

es sich auch verändern mag, so bleibt es doch in Beziehung auf die Außenwelt immer in Ruhe. Dieser Satz bezieht sich auf alle Selbstmodifikationen. Daher erscheint das Schöne, so ruhig. Alles Schöne ist ein *selbsterleuchtetes*, vollendetes Individuum.

102. Jede Menschengestalt belebt einen individuellen Keim im Betrachtenden. Dadurch wird diese Anschauung unendlich – Sie ist mit dem Gefühl einer unerschöpflichen Kraft verbunden – und darum so absolut belebend. Indem wir uns selbst betrachten – beleben wir uns selbst.
Ohne diese sichtbare und fühlbare Unsterblichkeit – sit venia verbis – würden wir nicht wahrhaft denken können.
Diese wahrnehmbare Unzulänglichkeit des irdischen Körpergebildes zum Ausdruck und Organ des inwohnenden Geistes ist der unbestimmte, treibende Gedanke, der die Basis aller echten Gedanken wird – der Anlaß zur Evolution der Intelligenz – dasjenige, was uns zur Annahme einer intelligiblen Welt und einer unendlichen Reihe von Ausdrücken und Organen jedes Geistes, deren Exponent, oder Wurzel, seine Individualität ist, nötigt.

103. Je bornierter ein System ist, desto mehr wird es den Weltklugen gefallen. So hat das System der Materialisten, die Lehre des Helvetius und auch Locke den meisten Beifall unter dieser Klasse erhalten. So wird Kant jetzt noch immer mehr Anhänger, als Fichte, finden.

104. Die Kunst Bücher zu schreiben ist noch nicht erfunden. Sie ist aber auf dem Punkt erfunden zu werden. Fragmente dieser Art sind literärische Sämereien. Es mag freilich manches taube Körnchen darunter sein – indes wenn nur einiges aufgeht.

105. ⟨Schlegels Schriften sind lyrische Philosopheme. Sein Forster und Lessing sind vorzügliche Minuspoesieen und ähneln den Pindarischen Hymnen. Der lyrische Prosaist wird logische Epigramme schreiben. Ist er ganz lebenstrunken, so werden es Dithyramben sein, die man freilich, als Dithyramben genießen und beurteilen muß. Halb berauscht kann ein Kunstwerk sein – Im ganzen Rausche zerfließt das Kunstwerk – Aus dem Menschen wird ein Tier – Der Charakter des Tiers ist dithyrambisch. Das Tier ist ein übersättigtes Leben – die Pflanze ein mangelhaftes Leben. Der Mensch ein *freies* Leben.⟩

106. ⟨Hemsterhuis ist sehr oft logischer Homeride.⟩

107. ⟨Goethens Philosopheme sind echt episch.⟩

108. Wenn der Geist heiligt, so ist jedes echte Buch Bibel.

109. Jedes Individuum ist der Mittelpunkt eines Emanationssystems.

110. Wenn Geist gleich edlem Metall ist, so sind die meisten Bücher Ephraimiten.
Jedes *nützliche* Buch muß wenigstens stark legiert sein. Rein ist das edle Metall in Handel und Wandel nicht zu brauchen.
So selten wird ein Buch um des Buchs willen geschrieben.
Vielen wahren Büchern geht es wie den Goldklumpen in Irland. Sie dienen lange Jahre, nur als Gewichte.
Unsre Bücher sind ein unförmliches Papiergeld, das die Gelehrten in Kurs bringen. Diese Papiermünzliebhaberei der modernen Welt, ist der Boden, auf den sie, oft in Einer Nacht, emporschießen.

111. ⟨Manche Bücher sind länger, als sie scheinen. Sie haben in der Tat kein Ende. Die Langeweile, die sie erregen ist wahrhaft absolut und unendlich. Musterhafte

Beispiele dieser Art hat der Herr Professor Heydenreich, Jakob, Abicht und Pölitz aufgestellt. Hier ist ein Stock, den jeder mit seinen Bekannten der Art vergrößern kann.⟩

112. In sehr vielen Schriften ist das Räsonnement des Autors, oder diejenige Masse, woran die Tatsachen und Erfahrungen geklebt sind, ein Zusammenfluß der merkwürdigsten psychischen Phänomene – äußerst lehrreich für den Anthropognosten – voller Spuren asthenischer Anlagen und indirekter Entzündungen.

113. Rezensenten sind literärische Polizeibeamten. Ärzte gehören zu den Polizeibeamten. Daher sollte es kritische Journale geben, die die Autoren kunstmäßig medizinisch und chirurgisch behandelten, und nicht bloß die Krankheit aufspürten, und mit Schadenfreude bekannt machten. Die bisherigen Kurmethoden waren größestenteils barbarisch.
Echte Polizei ist nicht bloß defensiv und polemisch gegen das vorhandne Übel – sondern sie sucht die kränkliche Anlage zu verbessern.

114. ⟨Die »All[gemeine] Lit[eratur] Zeit[ung]« gehört zu den Personen, die aus Anhänglichkeit an die Güter dieses Lebens nur das Leben so lang, als möglich, zu erhalten suchen. Hufelands Makrobiotik ist von der Expedition der »All[gemeinen] Lit[eratur] Zeit[ung]« schon früher in Ausübung gebracht worden. Im Anfang debauchierte sie mit neuen Ideen. Eine schwächliche Konstitution hatte sie von jeher. Der lange Gebrauch der Kantischen Begriffe hat ihr vielen Schaden getan. Nun ist sie behutsamer geworden und sucht nun durch Fastenspeise, seltnen Gebrauch spirituöser Mittel, und Bequemung nach den Einflüssen der Witterung, nach Hufelands belobten Prinzip der Mediokrität, sich den gold-

nen Traum des irdischen Daseins so lange, als möglich, zu verlängern.⟩

115. ⟨Es sind viele antirevolutionäre Bücher für die Revolution geschrieben worden. Burke hat aber ein revolutionäres Buch gegen die Revolution geschrieben.⟩

116. ⟨Die meisten Beobachter der Revolution, besonders die Klugen und Vornehmen haben sie für eine lebensgefährliche und ansteckende Krankheit erklärt – sie sind bei den Symptomen stehn geblieben, und haben diese auf eine mannigfaltige Weise durcheinander geworfen und erklärt – manche haben es für eine bloß lokale Krankheit gehalten – die genievollsten Gegner drangen auf Kastration – Sie merkten wohl – daß diese angebliche Krankheit nichts, als Krise der eintretenden Pubertät sei.⟩

117. ⟨Wie wünschenswert ist es nicht – Zeitgenoß eines wahrhaft großen Manns zu sein? Die jetzige Majorität der kultivierten Deutschen ist dieser Meinung nicht – Sie ist fein genug um alles Große wegzuleugnen und befolgt das Planierungssystem. Wenn das kopernikanische System nur nicht so fest stände, so würd es ihnen sehr bequem sein – Sonne und Gestirne wieder zu Irrwischen und die Erde zum Universo zu machen. Ein großer Mann, der jetzt unter uns ist, wird daher so gemein, als möglich behandelt – und schnöde angesehn, wenn er die Erwartungen des gewöhnlichen Zeitvertreibs nicht befriedigt, und sie einen Augenblick in Verlegenheit gegen sich selbst setzt. Ein interessantes Symptom dieser direkten Schwäche der Seele ist die Aufnahme von »Hermann und Dorothea«.⟩

118. Goethe ist jetzt der wahre Statthalter des poetischen Geistes auf Erden.

119. ⟨Menschen zu beschreiben ist deswegen bis jetzt unmöglich gewesen, weil man nicht gewußt hat, was ein Mensch ist – Wenn man erst wissen wird, was ein

Mensch ist, so wird man auch Individuen wahrhaft genetisch beschreiben können.⟩

120. ⟨Wer Fragmente dieser Art beim Worte halten will der mag ein ehrenfester Mann sein – nur soll er sich nicht für einen Dichter ausgeben. Muß man denn immer bedächtig sein? Wer zu alt zum Schwärmen ist, vermeide doch jugendliche Zusammenkünfte. Jetzt sind literärische Saturnalien – je bunteres Leben, desto besser.⟩

121. ⟨Die Geognosten glauben, daß der physische Schwerpunkt unter Fes und Marokko liege – Goethe, als Anthropognost, meint, im »Meister«, der intellektuelle Schwerpunkt liege unter der deutschen Nation.⟩

122. ⟨Wo die Majorität entscheidet – herrscht die Kraft über die Form – umgekehrt, wo die Minorität die Oberhand hat.

Kühnheit kann man den theoretischen Politikern nicht vorwerfen. Keinem ist noch eingefallen zu versuchen – ob nicht Monarchie – und Demokratie schlechterdings, als Elemente eines wahren Universal-Staats, vereinigt werden müßten und könnten?

Eine wahre Demokratie ist ein absoluter Minus-Staat. Eine wahre Monarchie ist ein absoluter Plus-Staat. Die Konstitution der Monarchie ist der Charakter des Regenten. Ihre Garantie ist sein Wille.

Demokratie, im gewöhnlichen Sinn, ist im Grunde von der Monarchie nicht verschieden, nur daß hier der Monarch eine Masse von Köpfen ist. Echte Demokratie ist Protestantismus – politischer Naturstand, wie der Protestantism im engern Sinn – religiöser Naturstand.

Die gemäßigte Regierungsform ist halber Staat und halber Naturstand – es ist eine künstliche, sehr zerbrechliche *Maschine* – daher allen genialischen Köpfen höchst zuwider – aber das Steckenpferd unsrer Zeit. Ließe sich diese Maschine in ein lebendiges, autonomes Wesen

verwandeln, so wäre das große Problem gelöst. Naturwillkür und Kunstzwang durchdringen sich, wenn man sie in Geist auflöst. Der Geist macht beides flüssig. Der Geist ist jederzeit poetisch. Der poetische Staat – ist der wahrhafte, vollkommne Staat.
Ein sehr geistvoller Staat wird von selbst poetisch sein – Je mehr Geist, und geistiges Verkehr im Staat ist, desto mehr wird er sich dem poetischen nähern – desto freudiger wird jeder darin aus Liebe zu dem schönen, großen Individuo, seine Ansprüche beschränken und die nötigen Aufopferungen machen wollen – desto weniger wird der Staat es bedürfen – desto ähnlicher wird der Geist des Staats, dem Geiste eines Einzelnen musterhaften Menschen sein – der nur ein einziges Gesetz auf immer ausgesprochen hat – Sei so gut und poetisch, als möglich.⟩

123. ⟨Nichts ist poetischer, als Erinnerung und Ahndung, oder Vorstellung der Zukunft. Die gewöhnliche Gegenwart verknüpft beide durch Beschränkung – Es entsteht Kontiguität, durch Erstarrung – Kristallisation. Es gibt aber eine geistige Gegenwart – die beide durch Auflösung identifiziert – und diese Mischung ist das Element, die Atmosphäre des Dichters. Nicht Geist ist Stoff.⟩

124. ⟨Die Vorstellungen der Vorzeit ziehn uns zum Sterben – zum Verfliegen an – die Vorstellungen der Zukunft – treiben uns zum Beleben – zum Verkörpern, zur assimilierenden Wirksamkeit.
Daher ist alle Erinnerung, wehmütig – alle Ahndung, freudig. Jene mäßigt die allzu große Lebhaftigkeit – diese erhebt ein zu schwaches Leben.⟩

125. ⟨Der wahre Leser muß der erweiterte Autor sein. Er ist die höhere Instanz, die die Sache von der niedern Instanz schon vorgearbeitet erhält. Das Gefühl, vermittelst dessen der Autor die Materialien seiner Schrift

geschieden hat, scheidet beim Lesen wieder das Rohe und Gebildete des Buchs – und wenn der Leser das Buch nach seiner Idee bearbeiten würde, so würde ein 2. Leser noch mehr läutern, und so wird dadurch daß die bearbeitete Masse immer wieder in frischtätige Gefäße kömmt die Masse endlich wesentlicher Bestandteil – Glied des wirksamen Geistes.

Durch *unparteiisches* Wiederlesen seines Buchs kann der Autor sein Buch selbst läutern. Bei Fremden geht gewöhnlich das Eigentümliche mit verloren, weil die Gabe so selten ist völlig in eine fremde Idee hineinzugehn. Oft selbst beim Autor. Es ist kein Merkmal größerer Bildung, und größerer Kräfte, daß man über ein Buch richtigen Tadel fällt. Bei neuen Eindrücken ist die größere Schärfe des Sinns ganz natürlich.⟩

Blumen

1798

An den König

Mehr, als ein Königreich gab der Himmel dir in Louisen,
Aber du brachtest ihr auch mehr, als die Krone, dein Herz.

Die Alpenrose

Selten haftet auf Höh'n ein Funken himmlischen Lebens,
Aber, als Königin, blüht, dann auch die Rosẹ des Bergs.

Der König

Nur wer mehr, als König schon ist, kann königlich herrschen,
Also soll König sein, welcher die Herrlichste liebt.

Das irdische Paradies

Wo die Geliebten sind, da schmückt sich bräutlich die Erde,
Aber den Frevler verzehrt schneller die himmlische Luft.

Es ist an der Zeit

Glänzend steht nun die Brücke, der mächtige Schatten erinnert
Nur an die Zeit noch, es ruht ewig der Tempel nun hier,
Götzen von Stein und Metall mit furchtbaren Zeichen der Willkür
Sind gestürzt und wir sehn dort nur ein liebendes Paar –
An der Umarmung erkennt ein jeder die alten Dynasten,
Kennt den Steuermann, kennt wieder die glückliche Zeit.

Das Ende des Haders

Lange währte der Zwist, es konnte keiner ihn schlichten;
Mancher schöne Kristall brach in dem feindlichen Stoß.
Nur die Liebe besitzt den Talisman ewigen Friedens –
Da nur, wo sie erscheint, fließen die Massen in eins.

Der sterbende Genius

Willkommen, Lieber, nun und nicht wieder ruft
Dich meine Stimme; nah ist der Abschied mir.
Gefunden hab ich was ich suchte
Und der Bezauberung Bande schmelzen.

Das schöne Wesen – siehst du die Königin –
Hebt Bann und Zauber; lange vergebens flog
Um jeden Thron ich, aber endlich
Winkte durch sie mir die alte Heimat.

Schon lodert mächtig jene geheime Glut –
Mein altes Wesen – tief in dem irdischen
Gebilde: Du sollst Opferpriester
Sein, und das Lied der Zurückkehr singen.

Nimm diese Zweige, decke mit ihnen mich,
Nach Osten singe dann das erhabne Lied,
Bis auf die Sonne geht und zündet
Und mir die Tore der Urwelt öffnet.

Der Duft des Schleiers, der mich vordem umgab,
Sinkt dann vergoldet über die Ebenen,
Und wer ihn atmet, schwört begeistert
Ewige Liebe der schönen Fürstin.

Land

Jenes himmlische Paar schwimmt hoch auf der Flut, wie die Taube
Und der Ölzweig; es bringt Hoffnung des Landes, wie dort.

Novalis.

Glauben und Liebe
oder
Der König und die Königin

1798

Vorrede

1.

1. Wenn man mit wenigen, in einer großen, gemischten Gesellschaft etwas Heimliches reden will, und man sitzt nicht nebeneinander, so muß man in einer besondern Sprache reden. Diese besondre Sprache kann entweder eine *dem Ton* nach, oder *den Bildern* nach fremde Sprache sein. Dies letztere wird eine Tropen- und Rätselsprache sein.

2.

2. Viele haben gemeint, man solle von zarten, mißbrauchbaren Gegenständen, eine gelehrte Sprache führen, z. B. lateinisch von Dingen der Art schreiben. Es käme auf einen Versuch an, ob man nicht in der gewöhnlichen Landessprache so sprechen könnte, daß es nur *der* verstehn könnte, der es verstehn sollte. Jedes wahre Geheimnis muß die Profanen von selbst ausschließen. Wer es versteht ist von selbst, mit Recht, *Eingeweihter.*

3.

3. Der mystische Ausdruck ist ein Gedankenreiz mehr. Alle Wahrheit ist uralt. Der Reiz der Neuheit liegt nur in den Variationen des Ausdrucks. Je kontrastierender die Erscheinung, desto größer die Freude des Wiedererkennens.

4.

4. Was man liebt, findet man überall, und sieht überall Ähnlichkeiten. Je größer die Liebe, desto weiter und mannigfaltiger diese ähnliche Welt. Meine Geliebte ist die Abbreviatur des Universums, das Universum die Elongatur meiner Geliebten. Dem Freunde der Wissenschaften bieten sie alle, Blumen und Souvenirs, für seine Geliebte.

5.

5. Aber woher die ernsten, mystisch-politischen Philosopheme? Ein Begeisterter äußert sein höheres Leben in allen seinen Funktionen; also philosophiert er auch, und zwar lebhafter als gewöhnlich, *poetischer.* Auch dieser tiefe Ton gehört in die Symphonie seiner Kräfte, und Organe. Gewinnt aber nicht das Allgemeine durch individuelle, das Individuelle durch allgemeine Beziehungen?

6.

6. Laßt die Libellen ziehn; unschuldige *Fremdlinge* sind es
Folgen dem Doppelgestirn froh, mit Geschenken, hieher.

7. Ein blühendes Land ist doch wohl ein königlicheres Kunstwerk, als ein Park. Ein geschmackvoller Park ist eine englische Erfindung. Ein Land das Herz und Geist befriedigt, dürfte eine deutsche Erfindung werden; und der Erfinder wäre doch wohl der König aller Erfinder.

8. Der Beste unter den ehemaligen französischen Monarchen hatte sich vorgesetzt, seine Untertanen so wohlhabend zu machen, daß jeder alle Sonntage ein Huhn mit Reis auf seinen Tisch bringen könnte. Würde nicht die

Regierung aber vorzuziehn sein, unter welcher der Bauer lieber ein Stück verschimmelt Brot äße, als Braten in einer andern, und Gott für das Glück herzlich dankte, in diesem Lande geboren zu sein?

9. Wenn ich morgen Fürst würde, so bät' ich zuerst den König um einen Eudiometer, wie den seinigen. Kein Instrument ist einem Fürsten nötiger. Auch würde ich, wie er, die Lebensluft für meinen Staat mehr aus blühenden Pflanzungen, als aus Salpeter zu ziehen suchen.

10. Gold und Silber sind das Blut des Staats. Häufungen des Bluts am Herzen und im Kopfe verraten Schwäche in beiden. Je stärker das Herz ist, desto lebhafter und freigebiger treibt es das Blut nach den äußern Teilen. Warm und belebt ist jedes Glied, und rasch und mächtig strömt das Blut nach dem Herzen zurück.

11. Ein einstürzender Thron ist, wie ein fallender Berg, der die Ebene zerschmettert und da ein totes Meer hinterläßt, wo sonst ein fruchtbares Land und lustige Wohnstätte war.

12. Macht nur die Berge gleich, das Meer wird es euch Dank wissen. Das Meer ist das Element von Freiheit und Gleichheit. Indes warnt es, auf Lager von Schwefelkies zu treten; sonst ist der Vulkan da und mit ihm der Keim eines neuen Kontinents.

13. Die mephitischen Dünste der moralischen Welt verhalten sich anders, wie ihre Namensvettern in der Natur. Jene steigen gern in die Höhe, da diese am Boden hängen bleiben. Für die Höhenbewohner ist kein besseres Mittel dagegen, als Blumen und Sonnenschein. Beides hat sich nur selten auf Höhen zusammengetroffen. Auf einer der höchsten moralischen Erdhöhen, kann man aber jetzt die reinste Luft genießen und eine Lilie an der Sonne sehn.

14. Es war kein Wunder, wenn die Bergspitzen meistenteils nur auf die Täler herabdonnerten und die Fluren verwüsteten. Böse Wolken zogen sich meist um sie her, und verbargen ihnen ihre Abkunft vom Lande; dann erschien ihnen die Ebene nur wie ein dunkler Abgrund, über welchen sie die Wolken zu tragen schienen, oder wie ein empörtes Meer, da doch nichts eigentlich gegen sie empört war, und sie allmählich abstumpfte und herunterwusch, als die anhänglich scheinenden Wolken.

15. Ein wahrhaftes Königspaar ist für den ganzen Menschen, was eine Konstitution für den bloßen Verstand ist. Man kann sich für eine Konstitution nur, wie für einen Buchstaben interessieren. Ist das Zeichen nicht ein schönes Bild, oder ein Gesang, so ist Anhänglichkeit an Zeichen, die verkehrteste aller Neigungen. – Was ist ein Gesetz, wenn es nicht Ausdruck des Willens einer geliebten, achtungswerten Person ist? Bedarf der mystische Souverän nicht, wie jede Idee, eines Symbols, und welches Symbol ist würdiger und passender, als ein liebenswürdiger trefflicher Mensch? Die Kürze des Ausdrucks ist doch wohl etwas wert, und ist nicht ein Mensch ein kürzerer, schönerer Ausdruck eines Geistes als ein Kollegium? Wer recht viel Geist hat, den hemmen Schranken und Unterschiede nicht; sie reizen ihn vielmehr. Nur der Geistlose fühlt Last und Hemmung. Übrigens ist auch ein geborner König besser, als ein gemachter. Der beste Mensch wird eine solche Erhebung nicht ohne Alteration ertragen können. Wer so geboren ist, dem schwindelt nicht, den überreizt auch eine solche Lage nicht. Und ist denn am Ende nicht die Geburt die primitive Wahl? Die müssen sich nicht lebendig in sich gefühlt haben die die Freiheit dieser Wahl, die Einmütigkeit bei derselben bezweifeln.

Wer hier mit seinen historischen Erfahrungen angezogen kömmt, weiß gar nicht, wovon ich rede, und auf welchem Standpunkt ich rede; dem sprech ich arabisch, und er tut am besten, seines Wegs zu gehn und sich nicht unter Zuhörer zu mischen, deren Idiom und Landesart ihm durchaus fremd ist.

16. Meinethalben mag jetzt der Buchstabe an der Zeit sein. Es ist kein großes Lob für die Zeit, daß sie so weit von der Natur entfernt, so sinnlos für Familienleben, so abgeneigt der schönsten poetischen Gesellschaftsform ist. Wie würden unsre Kosmopoliten erstaunen, wenn ihnen die Zeit des ewigen Friedens erschiene und sie die höchste gebildetste Menschheit in monarchischer Form erblickten? Zerstäubt wird dann der papierne Kitt sein, der jetzt die Menschen zusammenkleistert, und der Geist wird die Gespenster, die statt seiner in Buchstaben erschienen und von Federn und Pressen zerstückelt ausgingen, verscheuchen, und alle Menschen wie ein paar Liebende zusammenschmelzen.

17. Der König ist das gediegene Lebensprinzip des Staats; ganz dasselbe, was die Sonne im Planetensystem ist. Zunächst um das Lebensprinzip her, erzeugt sich mithin das höchste Leben im Staate, die Lichtatmosphäre. Mehr oder weniger vererzt ist es in jedem Staatsbürger. Die Äußerungen des Staatsbürgers in der Nähe des Königs werden daher glänzend, und so poetisch als möglich, oder Ausdruck der höchsten Belebung sein. Da nun in der höchsten Belebung der Geist zugleich am wirksamsten ist, die Wirkungen des Geistes Reflexionen sind, die Reflexion aber, ihrem Wesen nach, bildend ist, mit der höchsten Belebung also die schöne, oder vollkommene Reflexion verknüpft ist, so wird auch der Ausdruck des Staatsbürgers in der Nähe des Königs, Ausdruck der höchsten, zurückgehaltenen Kraftfülle, Ausdruck der lebhaftesten Regungen, beherrscht durch die achtungsvollste Besonnenheit, ein unter Regeln zu bringendes

Betragen sein. Ohne Etiquette kann kein Hof bestehn. Es gibt aber eine natürliche Etiquette, die schöne, und eine erkünstelte, modische, die häßliche. Herstellung der erstern wird also keine unwichtige Sorge des denkenden Königs sein, da sie einen bedeutenden Einfluß auf den Geschmack und die Liebe für die monarchische Form hat.

18. Jeder Staatsbürger ist Staatsbeamter. Seine Einkünfte hat er nur, als solcher. Man hat sehr unrecht, den König den ersten Beamten des Staats zu nennen. Der König ist kein Staatsbürger, mithin auch kein Staatsbeamter. Das ist eben das Unterscheidende der Monarchie, daß sie auf den Glauben an einen höhergebornen Menschen, auf der freiwilligen Annahme eines Idealmenschen, beruht. Unter meinesgleichen kann ich mir keinen Obern wählen; auf einen, der mit mir in der gleichen Frage befangen ist, nichts übertragen. Die Monarchie ist deswegen echtes System, weil sie an einen absoluten Mittelpunkt geknüpft ist; an ein Wesen, was zur Menschheit, aber nicht zum Staate gehört. Der König ist ein zum irdischen Fatum erhobener Mensch. Diese Dichtung drängt sich dem Menschen notwendig auf. Sie befriedigt allein eine höhere Sehnsucht seiner Natur. Alle Menschen sollen thronfähig werden. Das Erziehungsmittel zu diesem fernen Ziel ist ein König. Er assimiliert sich allmählich die Masse seiner Untertanen. Jeder ist entsprossen aus einem uralten Königsstamm. Aber wie wenige tragen noch das Gepräge dieser Abkunft?

19. Ein großer Fehler unserer Staaten ist es, daß man den Staat zu wenig sieht. Überall sollte der Staat sichtbar, jeder Mensch, als Bürger charakterisiert sein. Ließen sich nicht Abzeichen und Uniformen durchaus einführen? Wer so etwas für geringfügig hält, kennt eine wesentliche Eigentümlichkeit unsrer Natur nicht.

20. Ein Regent kann für die Erhaltung seines Staats in den jetzigen Zeiten gewiß nicht zweckmäßiger sorgen, als wenn er ihn vielmöglichst zu individualisieren sucht.

21. Die alte Hypothese, daß die Kometen die Revolutionsfackeln des Weltsystems wären, gilt gewiß für eine andre Art von Kometen, die periodisch das geistige Weltsystem revolutionieren und verjüngen. Der geistige Astronom bemerkt längst den Einfluß eines solchen Kometen auf einen beträchtlichen Teil des geistigen Planeten, den wir die Menschheit nennen. Mächtige Überschwemmungen, Veränderungen der Klimate, Schwankungen des Schwerpunkts, allgemeine Tendenz zum Zerfließen, sonderbare Meteore sind die Symptome dieser heftigen Inzitation, deren Folge den Inhalt eines neuen Weltalters ausmachen wird. So nötig es vielleicht ist, daß in gewissen Perioden alles in Fluß gebracht wird, um neue, notwendige Mischungen hervorzubringen, und eine neue, reinere Kristallisation zu veranlassen, so unentbehrlich ist es jedoch ebenfalls diese Krisis zu mildern und die totale Zerfließung zu behindern, damit ein Stock übrig bleibe, ein Kern, an den die neue Masse anschieße, und in neuen schönen Formen sich um ihn her bilde. Das Feste ziehe sich also immer fester zusammen, damit der überflüssige Wärmestoff vermindert werde, und man spare kein Mittel um das Zerweichen der Knochen, das Zerlaufen der typischen Faser zu verhindern.
Würde es nicht Unsinn sein eine Krisis permanent zu machen, und zu glauben, der Fieberzustand sei der echte, gesunde Zustand, an dessen Erhaltung dem Menschen alles gelegen sein mußte? Wer möchte übrigens an seiner Notwendigkeit, an seiner wohltätigen Wirksamkeit zweifeln.

22. Es wird eine Zeit kommen und das bald, wo man allgemein überzeugt sein wird, daß kein König ohne

Republik, und keine Republik ohne König bestehn könne, daß beide so unteilbar sind, wie Körper und Seele, und daß ein König ohne Republik, und eine Republik ohne König, nur Worte ohne Bedeutung sind. Daher entstand mit einer echten Republik immer ein König zugleich, und mit einem echten König eine Republik zugleich. Der echte König wird Republik, die echte Republik König sein.

23. Diejenigen, die in unsern Tagen gegen Fürsten, als solche, deklamieren, und nirgends Heil statuieren, als in der neuen, französischen Manier, auch die Republik nur unter der repräsentativen Form erkennen, und apodiktisch behaupten, daß nur da Republik sei, wo es Primär- und Wahlversammlungen, Direktorium und Räte, Munizipalitäten und Freiheitsbäume gäbe, die sind armselige Philister, leer an Geist und arm an Herzen, Buchstäbler, die ihre Seichtigkeit und innerliche Blöße hinter den bunten Fahnen der triumphierenden Mode, unter der imposanten Maske des Kosmopolitismus zu verstekken suchen, und die Gegner, wie die Obskuranten verdienen, damit der Frosch- und Mäusekrieg vollkommen versinnlicht werde.

24. Wird nicht der König schon durch das innige Gefühl *ihres* Werts zum König?

25. Was bei andern Fürsten der erste Tag war, wird hier der Lebenstag des Königs sein. Die Regierungszeit der meisten ist nur der erste Tag. Der erste Tag ist das Leben dieser Ephemeren. Dann sterben sie, und mit ihren Reliquien wird nun mannigfacher Mißbrauch getrieben. So sind die meisten sogenannten Regierungen Interregna; die Fürsten nur das rote, heilige Wachs, welches die Befehle sanktioniert.

26. Was sind Orden? Irrwische, oder Sternschnuppen. Ein Ordensband sollte eine Milchstraße sein, gewöhn-

lich ist es nur ein Regenbogen, eine Einfassung des Ungewitters. Ein Brief, ein Bild der Königin; das wären Orden, Auszeichnungen der höchsten Art; Auszeichnungen, die zu den ausgezeichnetsten Taten entzündeten. Auch verdienstvolle Hausfrauen sollten ähnliche Ehrenzeichen bekommen.

27. Die Königin hat zwar keinen politischen, aber einen häuslichen Wirkungskreis im großen. Vorzüglich kommt ihr die Erziehung ihres Geschlechts, die Aufsicht über die Kinder des ersten Alters, über die Sitten im Hause, die Verpflegung der Hausarmen und Kranken, besonders der von ihrem Geschlechte, die geschmackvolle Verzierung des Hauses, die Anordnung der Familienfeste, und die Einrichtung des Hoflebens von Rechts wegen zu. Sie sollte ihre eigne Kanzlei haben, und ihr Mann wäre ihr erster Minister, mit dem sie alles überlegte. Zur Erziehung ihres Geschlechts würde Abschaffung der ausdrücklichen Anstalten seiner Korruption gehören. Sollte der Königin nicht beim Eintritt in eine Stadt schaudern, wo die tiefste Herabwürdigung ihres Geschlechts ein öffentliches Gewerbe ist? Die härtesten Strafen würden für diese echten Seelenverkäufer nicht zu hart sein. Ein Mord ist weit schuldloser. Die gepriesene Sicherheit, die dadurch beabsichtigt wird, ist eine sonderbare Begünstigung der Brutalität. So wenig sich die Regierung in Privatangelegenheiten mischen dürfte, so sollte sie doch jede Beschwerde, jedes öffentliche Skandal, jede Anzeige, oder Klage eines entehrten Gegenstandes auf das strengste untersuchen. Wem steht das Schutzrecht des beleidigten Geschlechts mehr zu, als der Königin? Sie muß für den Aufenthalt in einer Stadt erröten, die Asyle und Bildungsinstitute der Verworfenheit in sich befaßt.
Ihr Beispiel wird übrigens unendlich viel wirken. Die glücklichen Ehen werden immer häufiger und die Häus-

lichkeit mehr, als Mode werden. Sie wird zugleich echtes Muster des weiblichen Anzugs sein. Der Anzug ist gewiß ein sehr richtiger Ethometer. Er hat leider in Berlin immer auf einem sehr niedrigen Punkte gestanden, oft unter Null. Was könnte nicht die Gesellschaft der Königin auf die jungen Weiber und Mädchen in Berlin würken? Es wäre an sich schon eine ehrenvolle Distinktion und würde die öffentliche Meinung notwendig wieder sittlich stimmen; und am Ende ist doch die öffentliche Meinung das kräftigste Restaurations- und Bildungsmittel der Sitten.

28. Von der öffentlichen Gesinnung hängt das Betragen des Staats ab. Veredlung dieser Gesinnung ist die einzige Basis der echten Staatsreform. Der König und die Königin können und müssen als solche das Prinzip der öffentlichen Gesinnung sein. Dort gibt es keine Monarchie mehr wo der König und die Intelligenz des Staats nicht mehr identisch sind. Daher war der König von Frankreich schon lange vor der Revolution dethronisiert, und so die meisten Fürsten Europas. Es würde ein sehr gefährliches Symptom des neupreußischen Staats sein, wenn man zu stumpf für die wohltätigen Einflüsse des Königs und der Königin wäre, wenn es in der Tat an Sinn für dieses klassische Menschenpaar gebräche. Das muß sich in kurzem offenbaren. Wirken diese Genien nichts, so ist die vollkommene Auflösung der modernen Welt gewiß, und die himmlische Erscheinung ist nichts, als das Aufblitzen der verfliegenden Lebenskraft, die Sphärenmusik eines Sterbenden, die sichtbare Ahndung einer bessern Welt, die edlern Generationen bevorsteht.

29. Der Hof ist eigentlich das große Muster einer Haushaltung. Nach ihm bilden sich die großen Haushaltungen des Staats, nach diesen die kleinern, und so herunter. Wie mächtig könnte nicht eine Hofreform wirken! Der

König soll nicht frugal, wie ein Landmann, oder ein begüterter Privatmann sein; aber es gibt auch eine königliche Frugalität, und diese scheint der König zu kennen. Der Hof soll das klassische Privatleben im großen sein. Die Hausfrau ist die Feder des Hauswesens. So die Königin, die Feder des Hofs. Der Mann fourniert, die Frau ordnet und richtet ein. Ein frivoles Hauswesen ist meistenteils die Schuld der Frau. Daß die Königin durchaus antifrivole ist, weiß jedermann. Daher begreife ich nicht, wie sie das Hofleben, wie es ist, ertragen kann. Auch ihrem Geschmack, der so innig eins mit ihrem Herzen ist, muß die fade Monotonie desselben unerträglich auffallen.
Das Schauspiel und Konzert, und hin und wieder die Zimmerverzierungen ausgenommen, trifft man fast keine Spur von Geschmack im gewöhnlichen europäischen Hofleben, und auch jene Ausnahmen, wie oft sind sie geschmacklos, wie oft werden sie nicht geschmacklos genossen. Wie äußerst mannigfaltig könnte es aber sein? Ein geistvoller Maître des plaisirs könnte, geleitet vom Geschmack der Königin, aus dem Hofe ein irdisches Paradies machen, könnte das einfache Thema des Lebensgenusses durch unerschöpfliche Variationen führen, und uns so die Gegenstände der allgemeinen Anbetung in einer immer neuen, immer reizenden Umgebung erblicken lassen. Welches Gefühl aber ist himmlischer, als das, seine Geliebten im wahrhaftesten Lebensgenusse begriffen zu wissen.

30. Jede gebildete Frau und jede sorgfältige Mutter sollte das Bild der Königin, in ihrem oder ihrer Töchter Wohnzimmer haben. Welche schöne kräftige Erinnerung an das Urbild, das jede zu erreichen sich vorgesetzt hätte. Ähnlichkeit mit der Königin würde der Charakterzug der neupreußischen Frauen, ihr Nationalzug. Ein liebenswürdiges Wesen unter tausendfachen Gestalten.

Mit jeder Trauung ließe sich leicht eine bedeutungsvolle Huldigungszeremonie der Königin einführen; und so sollte man mit dem König und der Königin das gewöhnliche Leben veredeln, wie sonst die Alten es mit ihren Göttern taten. Dort entstand echte Religiosität durch diese unaufhörliche Mischung der Götterwelt in das Leben. So könnte hier durch diese beständige Verwebung des königlichen Paars in das häusliche und öffentliche Leben, echter Patriotism entstehen.

31. Die Gruppe von Schadow sollte die gute Gesellschaft in Berlin zu erhalten suchen, eine Loge der sittlichen Grazie stiften und sie in dem Versammlungssaale aufstellen. Diese Loge könnte eine Bildungsanstalt der jungen weiblichen Welt aus den kultiviertern Ständen sein, und der Königsdienst wäre dann, was der Gottesdienst auf eine ähnliche Weise sein sollte, echte Auszeichnung und Belohnung der trefflichsten ihres Geschlechts.

32. Sonst mußte man sich vor den Höfen, wie vor einem ansteckenden Orte, mit Weib und Kindern flüchten. An einen Hof wird man sich jetzt vor der allgemeinen Sittenverderbnis, wie auf eine glückliche Insel zurückziehen können. Um eine treffliche Frau zu finden, mußte ein behutsamer junger Mann sonst in die entlegenern Provinzen, wenigstens in die gänzlich von Stadt und Hof entfernten Familien gehn; künftig wird man, wie es nach dem ursprünglichen Begriff sein sollte, an Hof, als zum Sammelplatz des Besten und Schönsten gehn, und sich glücklich preisen können, eine Frau aus der Hand der Königin zu empfangen.

33. Dieser König ist der erste König von Preußen. Er setzt sich alle Tage die Krone selbst auf, und zu seiner Anerkennung bedarf es keiner Negotiationen.

34. Der König und die Königin beschützen die Monarchie mehr, als 200 000 Mann.

35. Nichts ist erquickender als von unsern Wünschen zu reden, wenn sie schon in Erfüllung gehn.

36. Kein Staat ist mehr als Fabrik verwaltet worden, als Preußen, seit Friedrich Wilhelm des Ersten Tode. So nötig vielleicht eine solche maschinistische Administration zur physischen Gesundheit, Stärkung und Gewandtheit des Staats sein mag, so geht doch der Staat, wenn er bloß auf diese Art behandelt wird, im wesentlichen darüber zugrunde. Das Prinzip des alten berühmten Systems ist, jeden durch Eigennutz an den Staat zu binden. Die klugen Politiker hatten das Ideal eines Staats vor sich, wo das Interesse des Staats, eigennützig, wie das Interesse der Untertanen, so künstlich jedoch mit demselben verknüpft wäre, daß beide einander wechselseitig beförderten.
An diese politische Quadratur des Zirkels ist sehr viel Mühe gewandt worden: aber der rohe Eigennutz scheint durchaus unermeßlich, antisystematisch zu sein. Er hat sich durchaus nicht beschränken lassen, was doch die Natur jeder Staatseinrichtung notwendig erfordert. Indes ist durch diese förmliche Aufnahme des gemeinen Egoismus, als Prinzip, ein ungeheurer Schade geschehn und der Keim der Revolution unserer Tage liegt nirgends, als hier.
Mit wachsender Kultur mußten die Bedürfnisse mannigfacher werden, und der Wert der Mittel ihrer Befriedigung um so mehr steigen, je weiter die moralische Gesinnung hinter allen diesen Erfindungen des Luxus, hinter allen Raffinements des Lebensgenusses und der Bequemlichkeit zurückgeblieben war. Die Sinnlichkeit hatte zu schnell ungeheures Feld gewonnen. In eben dem Verhältnisse, als die Menschen auf dieser Seite ihre Natur ausbildeten, und sich in der vielfachsten Tätigkeit und dem behaglichsten Selbstgefühl verloren, mußte ihnen die andere Seite unscheinbar, eng und fern vorkommen. Hier meinten sie nun den rechten Weg ihrer Bestimmung

eingeschlagen zu haben, hieher alle Kräfte verwenden zu müssen. So wurde grober Eigennutz zur Leidenschaft, und zugleich seine Maxime zum Resultat des höchsten Verstandes; und dies machte die Leidenschaft so gefährlich und unüberwindlich. Wie herrlich wär es, wenn der jetzige König sich wahrhaft überzeugte, daß man auf diesem Wege nur das flüchtige Glück eines Spielers machen könne, das von einer so veränderlichen Größe bestimmt wird, als die Imbezillität, und der Mangel an Routine und Finesse seiner Mitspieler. Durch Betrogenwerden lernt man Betrügen und wie bald ändert sich da nicht das Blatt, und der Meister wird Schüler seines Schülers. Ein dauerhaftes Glück macht nur der rechtliche Mann, und der rechtliche Staat. Was helfen mir alle Reichtümer, wenn sie sich bei mir nur aufhalten, um frische Pferde zu nehmen und schneller ihre Reise um die Welt zurückzulegen? Uneigennützige Liebe im Herzen und ihre Maxime im Kopf, das ist die alleinige, ewige Basis aller wahrhaften, unzertrennlichen Verbindung, und was ist die Staatsverbindung anders, als eine Ehe?

37. Ein König muß, wie ein Vater, keine Vorliebe zeigen. Er sollte nicht bloß militärische Gesellschafter und Adjutanten haben. Warum nicht auch zivilistische? Wenn er sich in seinen militärischen Adjutanten fähige Generale bildet, warum will er sich nicht auf ähnliche Weise fähige Präsidenten und Minister bilden? Bei ihm laufen alle Fäden der Regierung zusammen. Nur von dort aus läßt sich das ganze Triebwerk des Staats überblicken. Dort allein lernt man im großen den Staat und sein Detail ansehn. Zu Direktorialposten kann man sich nirgends so bilden, als im Kabinett, wo die Staatsweisheit des ganzen Landes sich konzentriert, wo man jede Sache durchaus bearbeitet erhält, und von wo aus man den Gang der Geschäfte bis in seine kleinsten Adern verfolgen kann. Hier allein würde jener eingeschränkte Geist verschwinden, jener Pedantismus der Geschäftsmänner, der sie auf

ihre Bemühungen einen einzigen, auf ihre Vorschläge einen infalliblen Wert legen läßt, der sie alle Dinge nach ihrem Wirkungskreise, nach ihrer Gesichtssphäre beurteilen macht, und die höhere Instanzen oft selbst zu einseitigen ungleichen Partialschritten verleitet. Dieses kleinstädtische Wesen ist überall sichtbar und verhindert am meisten echten Republikanismus, allgemeine Teilnahme am ganzen Staate, innige Berührung und Harmonie aller Staatsglieder. Der König sollte noch mehr militärische und zivilistische Adjutanten haben. Wie jene die höchste militärische Schule im Staate, so bildeten diese die höchste praktisch-politische Akademie im Staate. Eine Stelle in beiden würde schon Auszeichnung und Anfeuerung genug sein. Für den König würde diese abwechselnde Gesellschaft der trefflichsten jungen Männer seines Landes höchst angenehm und vorteilhaft sein. Für diese jungen Männer aber wären diese Lehrjahre das glänzendste Fest ihres Lebens, der Anlaß einer lebenslänglichen Begeisterung. Persönliche Liebe schlösse sie auf ewig an ihren Souverän, und der König hätte die schönste Gelegenheit seine Diener genau kennen zu lernen, zu wählen und persönlich zu achten und zu lieben. Die edle Simplizität des königlichen Privatlebens, das Bild dieses glücklichen, innig verbundenen Paars, würde den wohltätigsten Einfluß auf die sittliche Bildung dieses Kerns der preußischen Jugend haben, und so würde dem König am leichtesten der angeborne Wunsch seines Herzens gewährt, der wahrhafte Reformator und Restaurator seiner Nation und seiner Zeit zu werden.

38. Einen König sollte nichts mehr am Herzen liegen, als so vielseitig, so unterrichtet, orientiert und vorurteilsfrei, kurz so vollständiger Mensch zu sein, und zu bleiben, als möglich. Kein Mensch hat mehr Mittel in Händen sich auf eine leichte Art diesen höchsten Stil der Menschheit zu eigen zu machen, als ein König. Durch Umgang und Fortlernen kann er sich immer jung erhal-

ten. Ein alter König macht einen Staat so grämlich, als er selbst ist. Wie bequem könnte sich der König nicht die Bekanntschaft mit den wissenschaftlichen Fortschritten der Menschheit machen. Er hat schon gelehrte Akademien. Wenn er sich nun von diesen vollständige, genaue und präzise Berichte über den vormaligen und gegenwärtigen Zustand der Literatur überhaupt – terminliche Berichte über die wissenswürdigsten Vorfälle in allem, was den Menschen, als solchen, interessiert – Auszüge aus den vorzüglichsten Büchern, und Bemerkungen über dieselben, Hinweisungen auf diejenigen Produkte der schönen Kunst, die eigne Betrachtung und Genießung verdienten, endlich Vorschläge zur Beförderung wissenschaftlicher Kultur der Untertanen, zur Aufnahme und Unterstützung hoffnungsvoller bedeutender Unternehmungen, und armer vielversprechender Gelehrten, und zur Ausfüllung szientifischer Lücken und Entwicklung neuer literarischer Keime, erforderte, und allenfalls Korrelationen veranstaltete, so würde dies ihn instand setzen seinen Staat unter andern Staaten, seine Nation in der Menschheit und sich selbst im großen zu übersehen, und hier in der Tat sich zu einem königlichen Menschen zu bilden. Der Mühe einer ungeheuren Lektüre überhoben, genösse er die Früchte der europäischen Studien im Extrakte, und würde in kurzem durch fleißiges Überdenken dieses geläuterten und inspissierten Stoffs neue mächtige Kräfte seines Geistes hervorgebrochen, und sich in einem reinern Elemente, auf der Höhe des Zeitalters erblicken. Wie divinatorisch würde sein Blick, wie geschärft sein Urteil, wie erhaben seine Gesinnung werden!

39. Ein wahrhafter Fürst ist der Künstler der Künstler; das ist, der Direktor der Künstler. Jeder Mensch sollte Künstler sein. Alles kann zur schönen Kunst werden. Der Stoff des Fürsten sind die Künstler; sein Wille ist sein Meißel: er erzieht, stellt und weist die Künstler an,

weil nur er das Bild im ganzen aus dem rechten Standpunkte übersieht, weil ihm nur die große Idee, die durch vereinigte Kräfte und Ideen dargestellt, exekutiert werden soll, vollkommen gegenwärtig ist. Der Regent führt ein unendlich mannigfaches Schauspiel auf, wo Bühne und Parterre, Schauspieler und Zuschauer eins sind, und er selbst Poet, Direktor und Held des Stücks zugleich ist. Wie entzückend, wenn wie bei dem König, die Direktrice zugleich die Geliebte des Helden, die Heldin des Stücks ist, wenn man selbst die Muse in ihr erblickt, die den Poeten mit heiliger Glut erfüllt, und zu sanften, himmlischen Weisen sein Saitenspiel stimmt.

40. In unsern Zeiten haben sich wahre Wunder der Transsubstantiation ereignet. Verwandelt sich nicht ein Hof in eine Familie, ein Thron in ein Heiligtum, eine königliche Vermählung in einen ewigen Herzensbund?

41. Wenn die Taube, Gesellschafterin und Liebling des Adlers wird, so ist die goldne Zeit in der Nähe oder gar schon da, wenn auch noch nicht öffentlich anerkannt und allgemein verbreitet.

42. Wer den ewigen Frieden jetzt sehn und lieb gewinnen will, der reise nach Berlin und sehe die Königin. Dort kann sich jeder anschaulich überzeugen, daß der ewige Friede herzliche Rechtlichkeit über alles liebt, und nur durch diese sich auf ewig fesseln läßt.

43. Was ich mir vor allen wünschte? das will ich euch sagen: eine geistvolle Darstellung der Kinder- und Jugendjahre der Königin. Gewiß im eigentlichsten Sinn, weibliche Lehrjahre. Vielleicht nichts anders, als Nataliens Lehrjahre. Mir kommt Natalie, wie das zufällige Porträt der Königin vor. Ideale müssen sich gleichen.

Novalis.

Politische Aphorismen

1798

44. Der Grund aller Verkehrtheit in Gesinnungen und Meinungen ist – Verwechselung des Zwecks mit dem Mittel.

45. Genau haben die meisten Revolutionisten gewiß nicht gewußt, was sie wollten – Form, oder Unform.

46. Revolutionen beweisen eher gegen die wahre Energie einer Nation. Es gibt eine Energie aus Kränklichkeit und Schwäche – die gewaltsamer wirkt, als die wahre – aber leider mit noch tieferer Schwäche aufhört.

47. Wenn man von einer Nation urteilt, so beurteilt man meistens nur den vorzüglich sichtbaren, den frappanten Teil der Nation.

48. Kein Argument ist der alten Regierung nachteiliger, als dasjenige, was man aus der disproportionellen Stärke der Glieder des Staats, die in einer Revolution zum Vorschein kommt, ziehen kann. Seine Verwaltung muß höchst fehlerhaft gewesen sein, daß viele Teile fehlerhaft werden konnten und eine so hartnäckige Schwäche überall einwurzelte.

49. Je schwächer ein Teil ist, desto mehr zu Unordnungen und Entzündungen geneigt.

50. Was sind Sklaven? Völlig geschwächte, komprimierte Menschen. Was sind Sultane? Durch heftige Reizungen inzitierte Sklaven. Wie endigen Sultane und Sklaven? Gewaltsam. – Jene leicht als Sklaven, diese leicht als Sultane, d. h. phrenitisch, hirnwütig. Wie können Sklaven kuriert werden? Durch sehr behutsame Freilassungen und Aufklärungen. Man muß sie wie Erfrorne be-

handeln. Sultane? Auf die Art, wie Dionysius und Krösus kuriert wurden. Mit Schrecken, Fasten und Klosterzwang angefangen und allmählich mit Stärkungsmitteln gestiegen. Sultane und Sklaven sind das Extrem. Es gibt noch viel Mittelklassen bis zum König und dem echten Zyniker – der Klasse der vollkommensten Gesundheit. Terroristen und Hofschranzen gehören so ziemlich in die nächste Klasse nach Sultanen und Sklaven – und gehen so ineinander über, wie diese. Beides sind die Repräsentanten der beiden Krankheitsformen einer sehr schwachen Konstitution.

51. Die gesundeste Konstitution unter einem Maximum von Reizen repräsentiert der König, – dieselbe unter einem Minimum von Reizen – der echte Zyniker. Je gleicher beide sind, je leichter und unveränderter sie ihre Rollen verwechseln könnten, desto mehr näh[e]rt sich ihre Konstitution dem Ideal der vollkommenen Konstitution. Je unabhängiger also der König von seinem Thron lebt, desto mehr ist er König.

52. Alle Reize sind relativ – sind Größen – bis auf Einen, der ist absolut – und mehr als Größe.

53. Die vollkommenste Konstitution entsteht durch Inzitation und absolute Verbindung mit diesem Reize. Durch ihn kann sie alle übrige entbehren – denn er wirkt anfänglich stärker im Verhältnis, daß die relativen Reize abnehmen, und umgekehrt. Hat er sie aber einmal ganz durchdrungen, so wird sie völlig indifferent gegen die relativen Reize. Dieser Reiz ist – *absolute Liebe.*

54. Ein Zyniker und ein König ohne sie, sind nur Titulaturen.

55. Jede Verbesserung unvollkommener Konstitutionen läuft daraus hinaus, daß man sie der Liebe fähiger macht.

56. Der beste Staat besteht aus Indifferentisten dieser Art.

57. In unvollkommenen Staaten sind sie auch die besten Staatsbürger. Sie nehmen an allem Guten teil, lachen über die Alfanzereien ihrer Zeitgenossen im stillen, und enthalten sich von allem Übel. Sie ändern nicht, weil sie wissen, daß jede Änderung der Art und unter diesen Umständen nur ein neuer Irrtum ist, und das Beste nicht von außen kommen kann. Sie lassen alles in seinen Würden, und so wie sie keinen genieren – so geniert auch sie keiner, und sind überall willkommen.

58. Der jetzige Streit über die Regierungsformen ist ein Streit über den Vorzug des reifen Alters, oder der blühenden Jugend.

59. Republik ist das Fluidum deferens der Jugend. Wo junge Leute sind, ist Republik.

60. Mit der Verheiratung ändert sich das System. Der Verheiratete verlangt Ordnung, Sicherheit, und Ruhe – er wünscht, als Familie, in Einer Familie zu leben – in einem regelmäßigen Hauswesen – er sucht eine echte Monarchie.

61. Ein Fürst ohne Familiengeist ist kein Monarch.

62. Aber wozu ein einziger, unbeschränkter Hausvater? Welcher Willkür ist man da nicht ausgesetzt?

63. In allen relativen Verhältnissen ist das Individuum einmal für allemal der Willkür ausgesetzt – und wenn ich in eine Wüste ginge – ist da nicht mein wesentliches Interesse der Willkür meiner Individualität noch ausgesetzt? das Individuum, als solches, steht seiner Natur nach unter dem *Zufall*. In der vollkommenen Demokratie steh ich unter sehr vielen, in repräsentativer Demokratie unter wenigern, in der Monarchie unter Einem willkürlichen Schicksale.

64. Aber fordert nicht die Vernunft, daß jeder sein eigener Gesetzgeber sei? Nur seinen eigenen Gesetzen soll der Mensch gehorchen.

65. Wenn Solon und Lykurg wahre, allgemeine Gesetze, Gesetze der Menschheit gegeben haben, – woher nahmen sie dieselben? – Hoffentlich aus dem Gefühl ihrer Menschheit und seiner Beobachtung. Wenn ich ein Mensch bin, wie sie, woher nehme ich meine Gesetze? doch wohl aus derselben Quelle – und bin ich, wenn ich dann nach Solons und Lykurgs Gesetzen lebe, der Vernunft untreu? Jedes wahre Gesetz ist mein Gesetz – sagen und aufstellen mag es, wer es will. Dieses Sagen und Aufstellen aber, oder die Beobachtung des ursprünglichen Gefühls und ihre Darstellung muß doch nicht so leicht sein, – sonst würden wir ja keiner besondern geschriebenen Gesetze bedürfen? Es muß also wohl eine Kunst sein? So auch das Gesetz anzuwenden, scheint in der Tat eine langwierige Übung und Schärfung der Urteilskraft vorauszusetzen. Wodurch entstanden Stände und Zünfte? – aus Mangel an Zeit und Kräften des Einzelnen. Jeder Mensch konnte bisher nicht alle Künste und Wissenschaften lernen und zugleich treiben – sich nicht alles in Allem sein. Die Arbeiten und Künste wurden verteilt. Nicht auch die Regierungskunst? Der allgemeinen Forderung der Vernunft zufolge sollten auch alle Menschen Ärzte, Dichter, und so fort, sein. Bei den übrigen Künsten ist es übrigens schon größtenteils hergebracht, daß sich da die Menschen darüber bescheiden – nur Regierungskunst und Philosophie – dazu glaubt jeder gehöre nur Dreistigkeit, und jeder vermißt sich, als Kenner, davon zu sprechen, und Prätensionen auf ihre Praxis und Virtuosität zu machen.

66. Aber die Vortrefflichkeit der repräsentativen Demokratie ist doch unleugbar. Ein natürlicher, musterhafter Mensch ist ein Dichtertraum. Mithin, was bleibt übrig

– Komposition eines künstlichen. Die vortrefflichsten Menschen der Nation ergänzen einander – In dieser Gesellschaft entzündet sich ein reiner Geist der Gesellschaft. Ihre Dekrete sind seine Emanationen – und der idealische Regent ist realisiert.

67. Zuerst zieh ich die vortrefflichsten Menschen der Nation und die Entzündung des reinen Geistes in Zweifel. Auf die sehr widersprechende Erfahrung will ich mich nicht einmal berufen. Es liegt am Tage, daß sich aus toten Stoffen kein lebendiger Körper – aus ungerechten, eigennützigen und einseitigen Menschen kein gerechter, uneigennütziger und liberaler Mensch zusammensetzen läßt. Freilich ist das eben ein Irrtum einer einseitigen Majorität, und es wird noch lange Zeit vergehn, eh man sich von dieser simpeln Wahrheit allgemein überzeugen wird. Eine so beschaffene Majorität wird nicht die Vortrefflichsten, sondern im Durchschnitt nur die Borniertesten und die Weltklügsten wählen. Unter den Borniertesten versteh ich solche, bei denen Mittelmäßigkeit zur fertigen Natur geworden ist, die klassischen Muster des großen Haufens. Unter den Weltklügsten – die geschicktesten Courmacher des großen Haufens. Hier wird sich kein Geist entzünden – am wenigsten ein reiner – Ein großer Mechanismus wird sich bilden – ein Schlendrian – den nur die Intrige zuweilen durchbricht. Die Zügel der Regierung werden zwischen den Buchstaben und mannigfaltigen Parteimachern hin und her schwanken. Die Despotie eines Einzelnen hat denn doch vor dieser Despotie noch den Vorzug, daß man wenigstens dort an Zeit und Schuhen erspart – wenn man mit der Regierung zu tun hat – und jene doch mit offnen Karten spielt, da man hier nicht immer gleich weiß, bei wem gerade den Tag die Regierung anzutreffen ist – und welche Wege die vorteilhaftesten dahin einzuschlagen sind.

Wenn der Repräsentant schon durch die Höhe, auf die er

gehoben wird – reifer und geläuterter werden soll, wie viel mehr der einzelne Regent? Wären die Menschen schon das, was sie sein sollten und werden können – so würden alle Regierungsformen einerlei sein – die Menschheit würde überall einerlei regiert, überall nach den ursprünglichen Gesetzen der Menschheit. Dann aber würde man am ersten die *schönste*, *poetische*, die natürlichste Form wählen – Familienform – Monarchie, – mehrere Herrn – mehrere Familien – Ein Herr – Eine Familie!

68. Jetzt scheint die vollkommene Demokratie und die Monarchie in einer unauflöslichen Antinomie begriffen zu sein – der Vorteil der einen durch einen entgegengesetzten Vorteil der andern aufgewogen zu werden. Das junge Volk steht auf der Seite der erstern, gesetztere Hausväter auf der Seite der zweiten. Absolute Verschiedenheit der Neigungen scheint diese Trennung zu veranlassen. Einer liebt Veränderungen – der andre nicht. Vielleicht lieben wir alle in gewissen Jahren Revolutionen, freie Konkurrenz, Wettkämpfe und dergleichen demokratische Erscheinungen. Aber diese Jahre gehn bei den meisten vorüber – und wir fühlen uns von einer friedlicheren Welt angezogen, wo eine Zentralsonne den Reigen führt, und man lieber Planet wird, als einen zerstörenden Kampf um den Vortanz mitkämpft. Man sei also nur wenigstens politisch, wie religiös, tolerant – man nehme nur die Möglichkeit an, daß auch ein vernünftiges Wesen anders inklinieren könne als wir. Diese Toleranz führt, wie mich dünkt, allmählich zur erhabenen Überzeugung von der Relativität jeder positiven Form – und der wahrhaften Unabhängigkeit eines reifen Geistes von jeder individuellen Form, die ihm nichts als notwendiges Werkzeug ist. Die Zeit muß kommen, wo politischer Entheism und Pantheism als notwendige Wechselglieder aufs innigste verbunden sein werden.

Die Christenheit oder Europa

Die Christenheit oder Europa

Ein Fragment

(Geschrieben im Jahre 1799.)

Es waren schöne glänzende Zeiten, wo Europa ein christliches Land war, wo *Eine* Christenheit diesen menschlich gestalteten Weltteil bewohnte; *Ein* großes gemeinschaftliches Interesse verband die entlegensten Provinzen dieses weiten geistlichen Reichs. – Ohne große weltliche Besitztümer lenkte und vereinigte *Ein* Oberhaupt, die großen politischen Kräfte. – Eine zahlreiche Zunft zu der jedermann den Zutritt hatte, stand unmittelbar unter demselben und vollführte seine Winke und strebte mit Eifer seine wohltätige Macht zu befestigen. Jedes Glied dieser Gesellschaft wurde allenthalben geehrt, und wenn die gemeinen Leute Trost oder Hülfe, Schutz oder Rat bei ihm suchten, und gerne dafür seine mannigfaltigen Bedürfnisse reichlich versorgten, so fand es auch bei den Mächtigeren Schutz, Ansehn und Gehör, und alle pflegten diese auserwählten, mit wunderbaren Kräften ausgerüsteten Männer, wie Kinder des Himmels, deren Gegenwart und Zuneigung mannigfachen Segen verbreitete. Kindliches Zutrauen knüpfte die Menschen an ihre Verkündigungen. – Wie heiter konnte jedermann sein irdisches Tagewerk vollbringen, da ihm durch diese heilige Menschen eine sichere Zukunft bereitet, und jeder Fehltritt durch sie vergeben, jede mißfarbige Stelle des Lebens durch sie ausgelöscht, und geklärt wurde. Sie waren die erfahrnen Steuerleute auf dem großen unbekannten Meere, in deren Obhut man alle Stürme geringschätzen, und zuversichtlich auf eine sichre Gelangung und Landung an der Küste der eigentlichen vaterländischen Welt rechnen durfte.

Die wildesten, gefräßigsten Neigungen mußten der Ehrfurcht und dem Gehorsam gegen ihre Worte weichen. Friede ging von ihnen aus. – Sie predigten nichts als Liebe zu der heiligen, wunderschönen Frau der Christenheit, die mit göttlichen Kräften versehen, jeden Gläubigen aus den schrecklichsten Gefahren zu retten bereit war. Sie erzählten von längst verstorbenen himmlischen Menschen, die durch Anhänglichkeit und Treue an jene selige Mutter und ihr himmlisches, freundliches Kind, die Versuchung der irdischen Welt bestanden, zu göttlichen Ehren gelangt und nun schützende, wohltätige Mächte ihrer lebenden Brüder, willige Helfer in der Not, Vertreter menschlicher Gebrechen und wirksame Freunde der Menschheit am himmlischen Throne geworden waren. Mit welcher Heiterkeit verließ man die schönen Versammlungen in den geheimnisvollen Kirchen, die mit ermunternden Bildern geschmückt, mit süßen Düften erfüllt, und von heiliger erhebender Musik belebt waren. In ihnen wurden die geweihten Reste ehemaliger gottesfürchtiger Menschen dankbar, in köstlichen Behältnissen aufbewahrt. – Und an ihnen offenbarte sich die göttliche Güte und Allmacht, die mächtige Wohltätigkeit dieser glücklichen Frommen, durch herrliche Wunder und Zeichen. So bewahren liebende Seelen, Locken oder Schriftzüge ihrer verstorbenen Geliebten, und nähren die süße Glut damit, bis an den wiedervereinigenden Tod. Man sammelte mit inniger Sorgfalt überall was diesen geliebten Seelen angehört hatte, und jeder pries sich glücklich der eine so tröstliche Reliquie erhalten oder nur berühren konnte. Hin und wieder schien sich die himmlische Gnade vorzüglich auf ein seltsames Bild, oder einen Grabhügel niedergelassen zu haben. – Dorthin strömten aus allen Gegenden Menschen mit schönen Gaben und brachten himmlische Gegengeschenke: Frieden der Seele und Gesundheit des Leibes, zurück. Emsig suchte, diese mächtige friedenstiftende Gesellschaft, alle Menschen dieses schönen Glaubens teilhaftig zu machen und sandte ihre Genossen, in alle Weltteile, um überall das Evangelium des Lebens zu verkündigen, und das Himmelreich zum einzigen Reiche auf dieser Welt zu machen. Mit Recht widersetzte sich das weise Oberhaupt der Kirche, frechen Ausbildungen menschlicher Anlagen auf Kosten des heiligen Sinns, und unzeitigen gefährlichen Entdekkungen, im Gebiete des Wissens. So wehrte er den kühnen Denkern öffentlich zu behaupten, daß die Erde ein unbedeutender Wandelstern sei, denn er wußte wohl, daß die Menschen mit der Achtung für ihren Wohnsitz und ihr irdisches Vaterland, auch die Achtung vor der himmlischen Heimat und ihrem Geschlecht verlieren, und das eingeschränkte Wissen dem unendlichen Glauben vorziehn und sich gewöhnen würden alles Große und Wunderwürdige zu verachten, und als tote Gesetzwirkung zu betrachten. An seinem Hofe versammelten sich alle klugen und ehrwürdigen Menschen aus Europa. Alle Schätze flossen dahin, das zerstörte Jerusalem hatte sich gerächt, und Rom selbst war Jerusalem, die heilige Residenz der göttlichen Regierung auf Erden geworden. Fürsten legten ihre Streitigkeiten dem Vater der Christenheit vor, willig ihm ihre Kronen und ihre Herrlichkeit zu Füßen, ja sie achteten es sich zum Ruhm, als Mitglieder dieser hohen Zunft, den Abend ihres Lebens in göttlichen Betrachtungen zwischen einsamen Klostermauern zu beschließen. Wie wohltätig, wie angemessen, der innern Natur der Menschen, diese Regierung, diese Einrichtung war, zeigte das gewaltige Emporstreben, aller andern menschlichen Kräfte, die harmonische Entwicklung aller Anlagen; die ungeheure Höhe, die einzelne Menschen in allen Fächern der Wissenschaften des Lebens und der Künste erreichten und der überall blühende Handelsverkehr mit geistigen und irdischen Waren, in dem Umkreis von Europa und bis in das fernste Indien hinaus. –

Das waren die schönen wesentlichen Züge der echt katholischen oder echt christlichen Zeiten. Noch war die Menschheit für dieses herrliche Reich nicht reif, nicht gebildet genug. Es war eine erste Liebe, die im Drucke des Geschäftlebens entschlummerte, deren Andenken durch eigennützige Sorgen verdrängt, und deren Band nachher als Trug und Wahn ausgeschrien und nach spätern Erfahrungen beurteilt, – auf immer von einem großen Teil der Europäer zerrissen wurde. Diese innere große Spaltung, die zerstörende Kriege begleiteten, war ein merkwürdiges Zeichen der Schädlichkeit der Kultur, für den Sinn des Unsichtbaren, wenigstens einer temporellen Schädlichkeit der Kultur einer gewissen Stufe. Vernichtet kann jener unsterbliche Sinn nicht werden, aber getrübt, gelähmt, von andern Sinnen verdrängt. – Eine längere Gemeinschaft der Menschen vermindert die Neigungen, den Glauben an ihr Geschlecht, und gewöhnt sie ihr ganzes Dichten und Trachten, den Mitteln des Wohlbefindens allein zuzuwenden, die Bedürfnisse und die Künste ihrer Befriedigung werden verwickelter, der habsüchtige Mensch hat, so viel Zeit nötig sich mit ihnen bekannt zu machen und Fertigkeiten in ihnen sich zu erwerben, daß keine Zeit zum stillen Sammeln des Gemüts, zur aufmerksamen Betrachtung der innern Welt übrigbleibt. – In Kollisions-Fällen scheint ihm das gegenwärtige Interesse näher zu liegen, und so fällt die schöne Blüte seiner Jugend, Glauben und Liebe ab, und macht den derbern Früchten, Wissen und Haben Platz. Man gedenkt des Frühlings im Spätherbst, wie eines kindischen Traums und hofft mit kindischer Einfalt, die vollen Speicher sollen auf immer aushalten. Eine gewisse Einsamkeit, scheint dem Gedeihen der höhern Sinne notwendig zu sein, und daher muß ein zu ausgebreiteter Umgang der Menschen miteinander, manchen heiligen

Keim ersticken und die Götter, die den unruhigen Tumult zerstreuender Gesellschaften, und die Verhandlungen kleinlicher Angelegenheiten fliehen, verscheuchen. Überdem haben wir ja mit Zeiten und Perioden zu tun, und ist diesen eine Oszillation, ein Wechsel entgegengesetzter Bewegungen nicht wesentlich? und ist diesen eine beschränkte Dauer nicht eigentümlich, ein Wachstum und ein Abnehmen nicht ihre Natur? aber auch eine Auferstehung, eine Verjüngung, in neuer, tüchtiger Gestalt, nicht auch von ihnen mit Gewißheit zu erwarten? fortschreitende, immer mehr sich vergrößernde Evolutionen sind der Stoff der Geschichte. – Was jetzt nicht die Vollendung erreicht, wird sie bei einem künftigen Versuch erreichen, oder bei einem abermaligen; vergänglich ist nichts was die Geschichte ergriff, aus unzähligen Verwandlungen geht es in immer reicheren Gestalten erneuet wieder hervor. Einmal war doch das Christentum mit voller Macht und Herrlichkeit erschienen, bis zu einer neuen Welt-Inspiration herrschte seine Ruine, sein Buchstabe mit immer zunehmender Ohnmacht und Verspottung. Unendliche Trägheit lag schwer auf der sicher gewordenen Zunft der Geistlichkeit. Sie war stehn geblieben im Gefühl ihres Ansehns und ihrer Bequemlichkeit, während die Laien ihr unter den Händen Erfahrung und Gelehrsamkeit entwandt und mächtige Schritte auf dem Wege der Bildung vorausgetan hatten. In der Vergessenheit ihres eigentlichen Amts, die Ersten unter den Menschen an Geist, Einsicht und Bildung zu sein, waren ihnen die niedrigen Begierden zu Kopf gewachsen, und die Gemeinheit und Niedrigkeit ihrer Denkungsart wurde durch ihre Kleidung und ihren Beruf noch widerlicher. So fielen Achtung und Zutrauen, die Stützen dieses und jedes Reichs, allmählich weg, und damit war jene Zunft vernichtet, und die eigentliche Herrschaft Roms hatte lange vor der gewaltsamen Insurrektion stillschweigend aufgehört. Nur kluge, also auch nur zeitliche, Maßregeln hielten den Leichnam der Verfassung noch zusammen, und bewahrten ihn vor zu schleuniger Auflösung, wohin denn z. B. die Abschaffung der Priester-Ehe vorzüglich gehörte. – Eine Maßregel die analog angewandt auch dem ähnlichen Soldatenstand eine fürchterliche Konsistenz verleihen und sein Leben noch lange fristen könnte. Was war natürlicher, als daß endlich ein feuerfangender Kopf öffentlichen Aufstand gegen den despotischen Buchstaben der ehemaligen Verfassung predigte, und mit um so größerm Glück, da er selbst Zunft-Genosse war. –

Mit Recht nannten sich die Insurgenten Protestanten, denn sie protestierten feierlich gegen jede Anmaßung einer unbequemen und unrechtmäßig scheinenden Gewalt über das Gewissen. Sie nahmen ihr stillschweigend abgegebenes Recht auf Religions-Untersuchung, Bestimmung und Wahl, als vakant wieder einstweilig an sich zurück. Sie stellten auch eine Menge richtiger Grundsätze auf, führten eine Menge löblicher Dinge ein, und schafften eine Menge verderblicher Satzungen ab; aber sie vergaßen das notwendige Resultat ihres Prozesses; trennten das Untrennbare, teilten die unteilbare Kirche und rissen sich frevelnd aus dem allgemeinen christlichen Verein, durch welchen und in welchem allein die echte, dauernde Wiedergeburt möglich war. Der Zustand religiöser Anarchie darf nur vorübergehend sein, denn der notwendige Grund, eine Zahl Menschen lediglich diesem hohen Berufe zu widmen, und diese Zahl Menschen unabhängig von der irdischen Gewalt in Rücksicht dieser Angelegenheiten zu machen, bleibt in fortdauernder Wirksamkeit und Gültigkeit. – Die Errichtung der Konsistorien und die Beibehaltung einer Art Geistlichkeit half diesem Bedürfnisse nicht ab, und war kein zureichender Ersatz. Unglücklicherweise hatten sich die Fürsten in diese Spaltung gemischt, und viele benutzten diese Streitigkeiten zur Befestigung und Erweiterung ihrer landesherrlichen Gewalt und Einkünfte. Sie waren froh jenes hohen Einflusses überhoben zu sein und nahmen die neuen Konsistorien nun unter ihre landesväterliche Beschützung und Leitung. Sie waren eifrigst besorgt die gänzliche Vereinigung der protestantischen Kirchen zu hindern, und so wurde die Religion irreligiöser Weise in Staats-Grenzen eingeschlossen, und damit der Grund zur allmählichen Untergrabung des religiösen kosmopolitische[n] Interesse[s] gelegt. So verlor die Religion ihren großen politischen friedestiftenden Einfluß, ihre eigentümliche Rolle des vereinigenden, individualisierenden Prinzips, der Christenheit. Der Religionsfriede ward nach ganz fehlerhaften und religionswidrigen Grundsätzen abgeschlossen, und durch die Fortsetzung des sogenannten Protestantismus etwas durchaus Widersprechendes – eine Revolutions-Regierung permanent erklärt.

Indes liegt dem Protestantismus bei weitem nicht bloß jener reine Begriff zum Grunde, sondern Luther behandelte das Christentum überhaupt willkürlich, verkannte seinen Geist, und führte einen andern Buchstaben und eine andere Religion ein, nämlich die heilige Allgemeingültigkeit der Bibel, und damit wurde leider eine andere höchst fremde irdische Wissenschaft in die Religionsangelegenheit gemischt – die Philologie – deren auszehrender Einfluß von da an unverkennbar wird. Er wurde selbst aus dunkelm Gefühl dieses Fehlgriffs bei einem großen Teil der Protestanten zum Rang eines Evangelisten erhoben und seine Übersetzung kanonisiert.

Dem religiösen Sinn war diese Wahl höchst verderblich, da nichts seine Irritabilität so vernichtet, wie der Buchstabe. Im ehemaligen Zustande hatte dieser bei dem großen Umfange der Geschmeidigkeit und dem reichhaltigen Stoff des katholischen Glaubens, so wie der Esoterisierung der Bibel und der heiligen Gewalt der Konzilien und des geistlichen Oberhaupts, nie so schädlich

werden können; jetzt aber wurden diese Gegenmittel vernichtet, die absolute Popularität der Bibel behauptet, und nun drückte der dürftige Inhalt, der rohe abstrakte Entwurf der Religion in diesen Büchern desto merklicher, und erschwerte dem heiligen Geiste die freie Belebung, Eindringung und Offenbarung unendlich.
Daher zeigt uns auch die Geschichte des Protestantismus keine herrlichen großen Erscheinungen des Überirdischen mehr, nur sein Anfang glänzt durch ein vorübergehendes Feuer des Himmels, bald nachher ist schon die Vertrocknung des heiligen Sinns bemerklich; das Weltliche hat die Oberhand gewonnen, der Kunstsinn leidet sympathetisch mit, nur selten, daß hie und da ein gediegener, ewiger Lebensfunke hervorspringt, und eine kleine Gemeinde sich assimiliert. Er verlischt und die Gemeinde fließt wieder auseinander und schwimmt mit dem Strome fort. So Zinzendorf, Jacob Böhme und mehrere. Die Moderatisten behalten die Oberhand, und die Zeit nähert sich einer gänzlichen Atonie der höhern Organe, der Periode des praktischen Unglaubens. Mit der Reformation war's um die Christenheit getan. Von nun an war keine mehr vorhanden. Katholiken und Protestanten oder Reformierte standen in sektierischer Abgeschnittenheit weiter voneinander, als von Mahomedanern und Heiden. Die übriggebliebenen katholischen Staaten vegetierten fort, nicht ohne den schädlichen Einfluß der benachbarten protestantischen Staaten unmerklich zu fühlen. Die neuere Politik entstand erst in diesem Zeitpunkt, und einzelne mächtige Staaten suchten den vakanten Universalstuhl, in einen Thron verwandelt, in Besitz zu nehmen.
Den meisten Fürsten schien es eine Erniedrigung sich nach einem ohnmächtigen Geistlichen zu genieren. – Sie fühlten zum erstenmal das Gewicht ihrer körperlichen Kraft auf Erden, sahen die himmlischen Mächte untätig bei Verletzung ihrer Repräsentanten, und suchten nun

allgemach ohne Aufsehn vor den noch eifrig päpstlich gesinnten Untertanen das lästige römische Joch abzuwerfen und sich unabhängig auf Erden zu machen. – Ihr unruhiges Gewissen beruhigten kluge Seelsorger, die nichts dabei verloren, daß ihre geistlichen Kinder die Disposition über das Kirchenvermögen sich anmaßten.

Zum Glück für die alte Verfassung tat sich jetzt ein neu entstandener Orden hervor, auf welchen der sterbende Geist der Hierarchie seine letzten Gaben ausgegossen zu haben schien, der mit neuer Kraft das Alte zurüstete und mit wunderbarer Einsicht und Beharrlichkeit, klüger, als je vorher geschehen, sich des päpstlichen Reichs und seiner mächtigern Regeneration annahm. Noch war keine solche Gesellschaft in der Weltgeschichte anzutreffen gewesen. Mit größerer Sicherheit des Erfolgs hatte selbst der alte römische Senat nicht Pläne zur Welteroberung entworfen. Mit größerem Verstand war an die Ausführung einer größeren Idee noch nicht gedacht worden. Ewig wird diese Gesellschaft ein Muster aller Gesellschaften sein, die eine organische Sehnsucht nach unendlicher Verbreitung und ewiger Dauer fühlen, – aber auch ewig ein Beweis, daß die unbewachte Zeit allein die klügsten Unternehmungen vereitelt, und der natürliche Wachstum des ganzen Geschlechts unaufhaltsam den künstlichen Wachstum eines Teils unterdrückt. Alles Einzelne für sich hat ein eigenes Maß von Fähigkeit, nur die Kapazität des Geschlechts ist unermeßlich. Alle Pläne müssen fehlschlagen, die nicht auf alle Anlagen des Geschlechts vollständig angelegte Pläne sind. Noch merkwürdiger wird diese Gesellschaft, als Mutter der sogenannten geheimen Gesellschaften, eines jetzt noch unreifen, aber gewiß wichtigen geschichtlichen Keims. Einen gefährlichern Nebenbuhler konnte der neue Lutheranismus, nicht Protestantismus, gewiß nicht erhalten. Alle Zauber des katholischen Glaubens wurden unter seiner Hand noch kräftiger, die Schätze der Wissenschaften flossen in seine Zelle zurück. Was in Europa verloren war, suchten sie in den andern Weltteilen, in dem fernsten Abend und Morgen, vielfach wiederzugewinnen, und die apostolische Würde und Beruf sich zuzueignen und geltend zu machen. Auch sie blieben in den Bemühungen nach Popularität nicht zurück, und wußten wohl wieviel Luther seinen demagogischen Künsten, seinem Studium des gemeinen Volks zu verdanken gehabt hatte. Überall legten sie Schulen an, drangen in die Beichtstühle, bestiegen die Katheder und beschäftigten die Pressen, wurden Dichter und Weltweise, Minister und Märtyrer, und blieben in der ungeheuren Ausdehnung von Amerika über Europa nach China in dem wunderbarsten Einverständnis der Tat und der Lehre. Aus ihren Schulen rekrutierten sie mit weiser Auswahl ihren Orden. Gegen die Lutheraner predigten sie mit zerstörendem Eifer und suchten die grausamste Vertilgung dieser Ketzer, als eigentlicher Genossen des Teufels, zur dringendsten Pflicht der katholischen Christenheit zu machen. Ihnen allein hatten die katholischen Staaten und insonderheit der päpstliche Stuhl ihr langes Überleben der Reformation zu danken gehabt, und wer weiß, wie alt die Welt noch aussehn würde, wenn nicht schwache Obere, Eifersucht der Fürsten und andern geistlichen Orden, Hofintrigen und andere sonderbare Umstände ihren kühnen Lauf unterbrochen und mit ihnen diese letzte Schutzwehr der katholischen Verfassung beinah vernichtet hätten. Jetzt schläft er, dieser furchtbare Orden, in armseliger Gestalt an den Grenzen von Europa, vielleicht daß er von daher sich, wie das Volk das ihn beschützt, mit neuer Gewalt einst über seine alte Heimat, vielleicht unter anderm Namen, verbreitet.

Die Reformation war ein Zeichen der Zeit gewesen. Sie war für ganz Europa bedeutend, wenn sie gleich nur im wahrhaft freien Deutschland öffentlich ausgebrochen war. Die guten Köpfe aller Nationen waren heimlich mündig geworden, und lehnten sich im täuschenden Gefühl ihres Berufs um desto dreister gegen verjährten Zwang auf. Aus Instinkt ist der Gelehrte Feind der Geistlichkeit nach alter Verfassung; der gelehrte und der geistliche Stand müssen Vertilgungskriege führen, wenn sie getrennt sind; denn sie streiten um Eine Stelle. Diese Trennung tat sich immer mehr hervor, und die Gelehrten gewannen desto mehr Feld, je mehr sich die Geistlichkeit der europäischen Menschheit dem Zeitraum der triumphierenden Gelehrsamkeit näherte, und Wissen und Glauben in eine entschiedenere Opposition traten. Im Glauben suchte man den Grund der allgemeinen Stockung, und durch das durchdringende Wissen hoffte man sie zu heben. Überall litt der heilige Sinn unter den mannigfachen Verfolgungen seiner bisherigen Art, seiner zeitigen Personalität. Das Resultat der modernen Denkungsart nannte man Philosophie und rechnete alles dazu was dem Alten entgegen war, vorzüglich also jeden Einfall gegen die Religion. Der anfängliche Personalhaß gegen den katholischen Glauben ging allmählich in Haß gegen die Bibel, gegen den christlichen Glauben und endlich gar gegen die Religion über. Noch mehr – der Religions-Haß, dehnte sich sehr natürlich und folgerecht auf alle Gegenstände des Enthusiasmus aus, verketzerte Phantasie und Gefühl, Sittlichkeit und Kunstliebe, Zukunft und Vorzeit, setzte den Menschen in der Reihe der Naturwesen mit Not oben an, und machte die unendliche schöpferische Musik des Weltalls zum einförmigen Klappern einer ungeheuren Mühle, die vom Strom des Zufalls getrieben und auf ihm schwimmend, eine Mühle an sich, ohne Baumeister und Müller und eigentlich ein echtes Perpetuum mobile, eine sich selbst mahlende Mühle sei.

Ein Enthusiasmus ward großmütig dem armen Menschengeschlechte übriggelassen und als Prüfstein der höchsten Bildung jedem Aktionär derselben unentbehrlich gemacht. – Der Enthusiasmus für diese herrliche, großartige Philosophie und insbesondere für ihre Priester und ihre Mystagogen. Frankreich war so glücklich der Schoß und der Sitz dieses neuen Glaubens zu werden, der aus lauter Wissen zusammen geklebt war. So verschrien die Poesie in dieser neuen Kirche war, so gab es doch einige Poeten darunter, die des Effekts wegen, noch des alten Schmucks und der alten Lichter sich bedienten, aber dabei in Gefahr kamen, das neue Weltsystem mit altem Feuer zu entzünden. Klügere Mitglieder wußten jedoch die schon warmgewordenen Zuhörer sogleich wieder mit kaltem Wasser zu begießen. Die Mitglieder waren rastlos beschäftigt, die Natur, den Erdboden, die menschlichen Seelen und die Wissenschaften von der Poesie zu säubern, – jede Spur des Heiligen zu vertilgen, das Andenken an alle erhebende Vorfälle und Menschen durch Sarkasmen zu verleiden, und die Welt alles bunten Schmucks zu entkleiden. Das Licht war wegen seines mathematischen Gehorsams und seiner Frechheit ihr Liebling geworden. Sie freuten sich, daß es sich eher zerbrechen ließ, als daß es mit Farben gespielt hätte, und so benannten sie nach ihm ihr großes Geschäft, Aufklärung. In Deutschland betrieb man dieses Geschäft gründlicher, man reformierte das Erziehungswesen, man suchte der alten Religion einen neuern vernünftigen, gemeinern Sinn zu geben, indem man alles Wunderbare und Geheimnisvolle sorgfältig von ihr abwusch; alle Gelehrsamkeit ward aufgeboten um die Zuflucht zur Geschichte abzuschneiden, indem man die Geschichte zu einem häuslichen und bürgerlichen Sitten- und Familien-Gemälde zu veredeln sich bemühte. – Gott wurde zum müßigen Zuschauer des großen rührenden Schauspiels, das die Gelehrten aufführten, gemacht, welcher am Ende die Dichter und Spieler feierlich bewirten und bewundern sollte. Das gemeine Volk wurde recht mit Vorliebe aufgeklärt, und zu jenem gebildeten Enthusiasmus erzogen, und so entstand eine neue europäische Zunft: die Philanthropen und Aufklärer. Schade daß die Natur so wunderbar und unbegreiflich, so poetisch und unendlich blieb, allen Bemühungen sie zu modernisieren zum Trotz. Duckte sich ja irgendwo ein alter Aberglaube an eine höhere Welt und sonst auf, so wurde gleich von allen Seiten Lärm geblasen, und wo möglich der gefährliche Funke durch Philosophie und Witz in der Asche erstickt; dennoch war Toleranz das Losungswort der Gebildeten, und besonders in Frankreich gleichbedeutend mit Philosophie. Höchst merkwürdig ist diese Geschichte des modernen Unglaubens, und der Schlüssel zu allen ungeheuren Phänomenen der neuern Zeit. Erst in diesem Jahrhundert und besonders in seiner letzten Hälfte beginnt sie und wächst in kurzer Zeit zu einer unübersehlichen Größe und Mannigfaltigkeit; eine zweite Reformation, eine umfassendere und eigentümlichere war unvermeidlich, und mußte das Land zuerst treffen, das am meisten modernisiert war, und am längsten aus Mangel an Freiheit in asthenischem Zustande gelegen hatte. Längst hätte sich das überirdische Feuer Luft gemacht, und die klugen Aufklärungs-Pläne vereitelt, wenn nicht weltlicher Druck und Einfluß denselben zustatten gekommen wären. In dem Augenblick aber, wo ein Zwiespalt unter den Gelehrten und Regierungen, unter den Feinden der Religion und ihrer ganzen Genossenschaft entstand, mußte sie wieder als drittes tonangebendes vermittelndes Glied hervortreten, und diesen Hervortritt muß nun jeder Freund derselben anerkennen und verkündigen, wenn er noch nicht merklich genug sein sollte. Daß die Zeit der Auferstehung gekommen ist, und grade die Begebenheiten, die gegen ihre Belebung gerichtet zu sein schienen und ihren Untergang zu vollenden drohten, die günstigsten Zeichen ihrer Regeneration geworden sind, dieses kann einem historischen Gemüte gar nicht zweifelhaft bleiben. Wahrhafte Anarchie ist das Zeugungselement der Religion. Aus der Vernichtung alles Positiven hebt sie ihr glorreiches Haupt als neue Weltstifterin empor. Wie von selbst steigt der Mensch gen Himmel auf, wenn ihn nichts mehr bindet, die höhern Organe treten von selbst aus der allgemeinen gleichförmigen Mischung und vollständigen Auflösung aller menschlichen Anlagen und Kräfte, als der Urkern der irdischen Gestaltung zuerst heraus. Der Geist Gottes schwebt über den Wassern und ein himmlisches Eiland wird als Wohnstätte der neuen Menschen, als Stromgebiet des ewigen Lebens zuerst sichtbar über den zurückströmenden Wogen.

Ruhig und unbefangen betrachte der echte Beobachter die neuen staatsumwälzenden Zeiten. Kommt ihm der Staatsumwälzer nicht wie Sisyphus vor? Jetzt hat er die Spitze des Gleichgewichts erreicht und schon rollt die mächtige Last auf der andern Seite wieder herunter. Sie wird nie oben bleiben, wenn nicht eine Anziehung gegen den Himmel sie auf der Höhe schwebend erhält. Alle eure Stützen sind zu schwach, wenn euer Staat die Tendenz nach der Erde behält, aber knüpft ihn durch eine höhere Sehnsucht an die Höhen des Himmels, gebt ihm eine Beziehung auf das Weltall, dann habt ihr eine nie ermüdende Feder in ihm, und werdet eure Bemühungen reichlich gelohnt sehn. An die Geschichte verweise ich euch, forscht in ihrem belehrenden Zusammenhang, nach ähnlichen Zeitpunkten, und lernt den Zauberstab der Analogie gebrauchen.

Frankreich verficht einen weltlichen Protestantismus. Sollten auch weltliche Jesuiten nun entstehn, und die Geschichte der letzten Jahrhunderte erneuert werden? Soll die Revolution die französische bleiben, wie die Reformation die Lutherische war? Soll der Protestantismus abermals widernatürlicherweise, als revolutionäre

Regierung fixiert werden? Sollen Buchstaben Buchstaben Platz machen? Sucht ihr den Keim des Verderbens auch in der alten Einrichtung, dem alten Geiste? und glaubt euch auf eine bessere Einrichtung, einen bessern Geist zu verstehn? Oh! daß der Geist der Geister euch erfüllte, und ihr ablieβet von diesem törichten Bestreben die Geschichte und die Menschheit zu modeln, und eure Richtung ihr zu geben. Ist sie nicht selbständig, nicht eigenmächtig, so gut wie unendlich liebenswert und weissagend? Sie zu studieren, ihr nachzugehn, von ihr zu lernen, mit ihr gleichen Schritt zu halten, gläubig ihren Verheißungen und Winken zu folgen – daran denkt keiner.

In Frankreich hat man viel für die Religion getan, indem man ihr das Bürgerrecht genommen, und ihr bloß das Recht der Hausgenossenschaft gelassen hat, und zwar nicht in einer Person, sondern in allen ihren unzähligen individuellen Gestalten. Als eine fremde unscheinbare Waise muß sie erst die Herzen wiedergewinnen, und schon überall geliebt sein, ehe sie wieder öffentlich angebetet und in weltliche Dinge zur freundschaftlichen Beratung und Stimmung der Gemüter gemischt wird. Historisch merkwürdig bleibt der Versuch jener großen eisernen Maske, die unter dem Namen Robespierre in der Religion den Mittelpunkt und die Kraft der Republik suchte; auch der Kaltsinn, womit die Theophilanthropie[,] dieser Mystizismus der neuern Aufklärung, aufgenommen worden ist; auch die neuen Eroberungen der Jesuiten; auch die Näherung ans Morgenland durch die neuern politischen Verhältnisse.

Von den übrigen europäischen Ländern, außer Deutschland, läßt sich nur prophezeien, daß mit dem *Frieden* ein neues höheres religiöses Leben in ihnen zu pulsieren [beginnen] und bald alles andere weltliche Interesse verschlingen wird. In Deutschland hingegen kann man schon mit voller Gewißheit die Spuren einer neuen Welt aufzeigen. Deutschland geht einen langsamen aber sichern Gang vor den übrigen europäischen Ländern voraus. Während diese durch Krieg, Spekulation und Partei-Geist beschäftigt sind, bildet sich der Deutsche mit allem Fleiß zum Genossen einer höhern Epoche der Kultur, und dieser Vorschritt muß ihm ein großes Übergewicht über die andere[n] im Lauf der Zeit geben. In Wissenschaften und Künsten wird man eine gewaltige Gärung gewahr. Unendlich viel Geist wird entwickelt. Aus neuen, frischen Fundgruben wird gefördert. – Nie waren die Wissenschaften in besseren Händen, und erregten wenigstens größere Erwartungen; die verschiedensten Seiten der Gegenstände werden ausgespürt, nichts wird ungerüttelt, unbeurteilt, undurchsucht gelassen. Alles wird bearbeitet; die Schriftsteller werden eigentümlicher und gewaltiger, jedes alte Denkmal der Geschichte, jede Kunst, jede Wissenschaft findet Freunde, und wird mit neuer Liebe umarmt und fruchtbar gemacht. Eine Vielseitigkeit ohnegleichen, eine wunderbare Tiefe, eine glänzende Politur, vielumfassende Kenntnisse und eine reiche kräftige Phantasie findet man hie und da, und oft kühn gepaart. Eine gewaltige Ahndung der schöpferischen Willkür, der Grenzenlosigkeit, der unendlichen Mannigfaltigkeit, der heiligen Eigentümlichkeit und der Allfähigkeit der innern Menschheit scheint überall rege zu werden. Aus dem Morgentraum der unbehülflichen Kindheit erwacht, übt ein Teil des Geschlechts seine ersten Kräfte an Schlangen, die seine Wiege umschlingen und den Gebrauch seiner Gliedmaßen ihm benehmen wollen. Noch sind alles nur Andeutungen, unzusammenhängend und roh, aber sie verraten dem historischen Auge eine universelle Individualität, eine neue Geschichte, eine neue Menschheit, die süßeste Umarmung einer jungen überraschten Kirche und eines liebenden Gottes, und das innige Empfängnis eines neuen Messias in ihren tausend Gliedern zugleich. Wer fühlt sich nicht mit süßer Scham guter Hoffnung? Das Neugeborne wird das Abbild seines Vaters, eine neue goldne Zeit mit dunkeln unendlichen Augen, eine prophetische wundertätige und wundenheilende, tröstende und ewiges Leben entzündende Zeit sein – eine große Versöhnungszeit, ein Heiland, der wie ein echter Genius unter den Menschen einheimisch, nur geglaubt nicht gesehen werden [kann], und unter zahllosen Gestalten den Gläubigen sichtbar, als Brot und Wein, verzehrt, als Geliebte umarmt, als Luft geatmet, als Wort und Gesang vernommen, und mit himmlischer Wollust, als Tod, unter den höchsten Schmerzen der Liebe, in das Innre des verbrausenden Leibes aufgenommen wird.

Jetzt stehn wir hoch genug um auch jenen oberwähnten, vorhergegangenen Zeiten freundlich zuzulächeln und auch in jenen wunderlichen Torheiten merkwürdige Kristallisationen des historischen Stoffs zu erkennen. Dankbar wollen wir jenen Gelehrten und Philosophen die Hände drücken; denn dieser Wahn mußte zum besten der Nachkommen erschöpft, und die wissenschaftliche Ansicht der Dinge geltend gemacht werden. Reizender und farbiger steht die Poesie, wie ein geschmücktes Indien dem kalten, toten Spitzbergen jenes Stubenverstandes gegenüber. Damit Indien in der Mitte des Erdballs so warm und herrlich sei, muß ein kaltes starres Meer, tote Klippen, Nebel statt des gestirnvollen Himmels und eine lange Nacht, die beiden Enden unwirtbar machen. Die tiefe Bedeutung der Mechanik lag schwer auf diesen Anachoreten in den Wüsten des Verstandes; das Reizende der ersten Einsicht überwältigte sie, das Alte rächte sich an ihnen, sie opferten dem ersten Selbstbewußtsein das Heiligste und Schönste der Welt mit wunderbarer Verleugnung, und waren die Ersten die wieder die Heiligkeit der Natur, die Unendlichkeit der Kunst, die Notwendigkeit des Wissens, die Achtung des Weltlichen, und die Allgegenwart des wahrhaft Geschichtlichen durch die Tat anerkannten, und verkündigten, und einer höhern, allgemeinern und furchtbarern Gespensterherrschaft, als sie selbst glaubten, ein Ende machten.

Erst durch genauere Kenntnis der Religion wird man jene fürchterlichen Erzeugnisse eines Religionsschlafs, jene Träume und Deliria des heiligen Organs besser beurteilen und dann erst die Wichtigkeit jenes Geschenks recht einsehn lernen. Wo keine Götter sind, walten Gespenster, und die eigentliche Entstehungszeit der europäischen Gespenster, die auch ihre Gestalt ziemlich vollständig erklärt, ist die Periode des Übergangs der griechischen Götterlehre in das Christentum. Also kommt auch, ihr Philanthropen und Enzyklopädisten, in die friedenstiftende Loge und empfangt den Bruderkuß, streift das graue Netz ab, und schaut mit junger Liebe die Wunderherrlichkeit der Natur, der Geschichte und der Menschheit an. Zu einem Bruder will ich euch führen, der soll mit euch reden, daß euch die Herzen aufgehn, und ihr eure abgestorbene geliebte Ahndung mit neuem Leibe bekleidet, wieder umfaßt und erkennt, was euch vorschwebte, und was der schwerfällige irdische Verstand freilich euch nicht haschen konnte.

Dieser Bruder ist der Herzschlag der neuen Zeit, wer ihn gefühlt hat zweifelt nicht mehr an ihrem Kommen, und tritt mit süßem Stolz auf seine Zeitgenossenschaft auch aus dem Haufen hervor zu der neuen Schar der Jünger. Er hat einen neuen Schleier für die Heilige gemacht, der ihren himmlischen Gliederbau anschmiegend verrät, und doch sie züchtiger, als ein andrer verhüllt. – Der Schleier ist für die Jungfrau, was der Geist für den Leib ist, ihr unentbehrliches Organ dessen Falten die Buchstaben ihrer süßen Verkündigung sind; das unendliche Faltenspiel ist eine Chiffern-Musik, denn die Sprache ist der Jungfrau zu hölzern und zu frech, nur zum Gesang öffnen sich ihre Lippen. Mir ist er nichts als der feierliche

Ruf zu einer neuen Urversammlung, der gewaltige Flügelschlag eines vorüberziehenden englischen Herolds. Es sind die ersten Wehen, setze sich jeder in Bereitschaft zur Geburt!

Das Höchste in der Physik ist jetzt vorhanden und wir können nun leichter die wissenschaftliche Zunft übersehn. Die Hülfsbedürftigkeit der äußern Wissenschaften, ward in der letzten Zeit immer sichtbarer, je bekannter wir mit ihnen wurden. Die Natur fing an immer dürftiger auszusehn, und wir sahen deutlicher gewöhnt an den Glanz unserer Entdeckungen, daß es nur ein geborgtes Licht war, und daß wir mit den bekannten Werkzeugen und den bekannten Methoden nicht das Wesentliche, das Gesuchte finden und konstruieren würden. Jeder Forscher mußte sich gestehn, daß eine Wissenschaft nichts ohne die andere sei, und so entstanden Mystifikationsversuche der Wissenschaften, und das wunderliche Wesen der Philosophie flog jetzt als rein dargestelltes wissenschaftliches Element zu einer symmetrischen Grundfigur der Wissenschaften an. Andere brachten die konkreten Wissenschaften in neue Verhältnisse, beförderten einen lebhaften Verkehr derselben untereinander, und suchten ihre naturhistorische Klassifikation aufs Reine zu bringen. So währt es fort und es ist leicht zu ermessen, wie günstig dieser Umgang mit der äußern und innern Welt, der höhern Bildung des Verstandes, der Kenntnis der erstern und der Erregung und Kultur der letztern sein muß, und wie unter diesen Umständen die Witterung sich klären und der alte Himmel und mit ihm die Sehnsucht nach ihm, die lebendige Astronomie, wieder zum Vorschein kommen muß.

Nun wollen wir uns zu dem politischen Schauspiel unsrer Zeit wenden. Alte und neue Welt sind in Kampf begriffen, die Mangelhaftigkeit und Bedürftigkeit der bisherigen Staatseinrichtungen sind in furchtbaren Phänomenen offenbar geworden. Wie wenn auch hier wie in den Wissenschaften eine nähere und mannigfaltigere Konnexion und Berührung der europäischen Staaten zunächst der historische Zweck des Krieges wäre, wenn eine neue Regung des bisher schlummernden Europa ins Spiel käme, wenn Europa wieder erwachen wollte, wenn ein Staat der Staaten, eine politische Wissenschaftslehre, uns bevorstände! Sollte etwa die Hierarchie diese symmetrische Grundfigur der Staaten, das Prinzip des Staatenvereins als intellektuale Anschauung des politischen Ichs sein? Es ist unmöglich daß weltliche Kräfte sich selbst ins Gleichgewicht setzen, ein drittes Element, das weltlich und überirdisch zugleich ist, kann allein diese Aufgabe lösen. Unter den streitenden Mächten kann kein Friede geschlossen werden, aller Friede ist nur Illusion, nur Waffenstillstand; auf dem Standpunkt der Kabinetter, des gemeinen Bewußtseins ist keine Vereinigung denkbar. Beide Teile haben große, notwendige Ansprüche und müssen sie machen, getrieben vom Geiste der Welt und der Menschheit. Beide sind unvertilgbare Mächte der Menschenbrust; hier die Andacht zum Altertum, die Anhänglichkeit an die geschichtliche Verfassung, die Liebe zu den Denkmalen der Altväter und der alten glorreichen Staatsfamilie, und Freude des Gehorsams; dort das entzückende Gefühl der Freiheit, die unbedingte Erwartung mächtiger Wirkungskreise, die Lust am Neuen und Jungen, die zwanglose Berührung mit allen Staatsgenossen, der Stolz auf menschliche Allgemeingültigkeit, die Freude am persönlichen Recht und am Eigentum des Ganzen, und das kraftvolle Bürgergefühl. Keine hoffe die andere zu vernichten, alle Eroberungen wollen hier nichts sagen, denn die innerste Hauptstadt jedes Reichs liegt nicht hinter Erdwällen und läßt sich nicht erstürmen.

Wer weiß ob des Kriegs genug ist, aber er wird nie aufhören, wenn man nicht den Palmenzweig ergreift, den allein eine geistliche Macht darreichen kann. Es wird so lange Blut über Europa strömen bis die Nationen ihren fürchterlichen Wahnsinn gewahr werden, der sie im Kreise herumtreibt und von heiliger Musik getroffen und besänftigt zu ehemaligen Altären in bunter Vermischung treten, Werke des Friedens vornehmen, und ein großes Liebesmahl, als Friedensfest, auf den rauchenden Walstätten mit heißen Tränen gefeiert wird. Nur die Religion kann Europa wieder aufwecken und die Völker sichern, und die Christenheit mit neuer Herrlichkeit sichtbar auf Erden in ihr altes friedenstiftendes Amt installieren.

Haben die Nationen alles vom Menschen – nur nicht sein Herz? – sein heiliges Organ? Werden sie nicht Freunde, wie diese, an den Särgen ihrer Lieben, vergessen sie nicht alles Feindliche, wenn das göttliche Mitleid zu ihnen spricht – und Ein Unglück, Ein Jammer, Ein Gefühl ihre Augen mit Tränen füllte? Ergreift sie nicht Aufopferung und Hingebung mit Allgewalt, und sehnen sie sich nicht Freunde und Bundesgenossen zu sein?

Wo ist jener alte, liebe, alleinseligmachende Glaube an die Regierung Gottes auf Erden, wo ist jenes himmlische Zutrauen der Menschen zueinander, jene süße Andacht bei den Ergießungen eines gottbegeisterten Gemüts, jener allesumarmende Geist der Christenheit?

Das Christentum ist dreifacher Gestalt. Eine ist das Zeugungselement der Religion, als Freude an aller Religion. Eine das Mittlertum überhaupt, als Glaube an die Allfähigkeit alles Irdischen, Wein und Brot des ewigen Lebens zu sein. Eine der Glaube an Christus, seine Mutter und die Heiligen. Wählt welche ihr wollt, wählt alle drei, es ist gleichviel, ihr werdet damit Christen und Mitglieder einer einzigen, ewigen, unaussprechlich glücklichen Gemeinde.

Angewandtes, lebendig gewordenes Christentum war der alte katholische Glaube, die letzte dieser Gestalten. Seine Allgegenwart im Leben[,] seine Liebe zur Kunst,

seine tiefe Humanität, die Unverbrüchlichkeit seiner Ehen, seine menschenfreundliche Mitteilsamkeit, seine Freude an der Armut, Gehorsam und Treue machen ihn als echte Religion unverkennbar und enthalten die Grundzüge seiner Verfassung.
Er ist gereinigt durch den Strom der Zeiten, in inniger, unteilbarer Verbindung mit den beiden andern Gestalten des Christentums wird er ewig diesen Erdboden beglücken.
Seine zufällige Form ist so gut wie vernichtet, das alte Papsttum liegt im Grabe, und Rom ist zum zweitenmal eine Ruine geworden. Soll der Protestantismus nicht endlich aufhören und einer neuen, dauerhafteren Kirche Platz machen? Die andern Weltteile warten auf Europas Versöhnung und Auferstehung, um sich anzuschließen und Mitbürger des Himmelreichs zu werden. Sollte es nicht in Europa bald eine Menge wahrhaft heiliger Gemüter wieder geben, sollten nicht alle wahrhafte Religionsverwandte voll Sehnsucht werden, den Himmel auf Erden zu erblicken? und gern zusammentreten und heilige Chöre anstimmen?
Die Christenheit muß wieder lebendig und wirksam werden, und sich wieder ein[e] sichtbare Kirche ohne Rücksicht auf Landesgrenzen bilden, die alle nach dem Überirdischen durstige Seelen in ihren Schoß aufnimmt und gern Vermittlerin, der alten und neuen Welt wird.
Sie muß das alte Füllhorn des Segens wieder über die Völker ausgießen. Aus dem heiligen Schoße eines ehrwürdigen europäischen Konsiliums wird die Christenheit aufstehn, und das Geschäft der Religionserweckung, nach einem allumfassenden, göttlichem Plane betrieben werden. Keiner wird dann mehr protestieren gegen christlichen und weltlichen Zwang, denn das Wesen der Kirche wird echte Freiheit sein, und alle nötigen Reformen werden unter der Leitung derselben, als friedliche und förmliche Staatsprozesse betrieben werden.

Wann und wann eher? darnach ist nicht zu fragen. Nur Geduld, sie wird, sie muß kommen die heilige Zeit des ewigen Friedens, wo das neue Jerusalem die Hauptstadt der Welt sein wird; und bis dahin seid heiter und mutig in den Gefahren der Zeit, Genossen meines Glaubens, verkündigt mit Wort und Tat das göttliche Evangelium, und bleibt dem wahrhaften, unendlichen Glauben treu bis in den Tod.

Anhang

Zu dieser Ausgabe

Die vorliegende Ausgabe enthält die wichtigsten philosophischen Reflexionen des Novalis zur Erkenntnislehre, Geistesmetaphysik, Ästhetik, Schriftstellerei und Sprachtheorie, zur Staatslehre, Gesellschaft, Geschichte, Religion und Alltagsrealität in der Anordnung, die Novalis für die Fragment-Sammlungen *Vermischte Bemerkungen* – in veränderter Form von Friedrich Schlegel unter dem Titel *Blütenstaub* veröffentlicht –, *Glauben und Liebe* – einschließlich der Gedichte (*Blumen*) und der *Politischen Aphorismen* – sowie den geschichtsphilosophischen Essay *Die Christenheit oder Europa* gewählt hat. Diese drei Teile des theoretischen Werks sind gedanklich verknüpft. So liegt, wie Richard Samuel nachgewiesen hat (vgl. HKA II,475), die Keimzelle für *Glauben und Liebe* in einer längeren Textpartie der *Vermischten Bemerkungen* (Nr. 22); das Begriffspaar *Glauben und Liebe* seinerseits findet sich in *Die Christenheit oder Europa* wieder: »[...] so fällt die schöne Blüte seiner Jugend, Glauben und Liebe, ab und macht den derbern Früchten, Wissen und Haben, Platz« (S. 70). Friedrich Schlegel, der »symphilosophierende« Freund und neben Tieck der erste Herausgeber von Novalis' *Schriften*, vertrat die aus heutiger Sicht überraschende Auffassung, daß »alle diese drei Aufsätze in ihrer Ganzheit und individuellen Beziehung nur irreleiten würden über den Charakter des Schriftstellers« (Schlegel an Tieck, 5. November 1801). Dem entgegen liegt dieser Edition die Auffassung zugrunde, daß die drei ausgewählten Schriften in das Zentrum von Novalis' philosophischem Denken führen und den Schriftsteller in seinem individuellen Charakter zeigen können.

Die Texte folgen der historisch-kritischen Ausgabe: Novalis, *Schriften. Die Werke Friedrich von Hardenbergs,* hrsg. von Richard Samuel in Zsarb. mit Hans-Joachim Mähl und Gerhard Schulz, 2., nach den Hss. erg., erw. und verb.

Aufl., Stuttgart/Berlin/Köln/Mainz: Kohlhammer; Bd. 2: *Das philosophische Werk I*, 1965, darin: *Vermischte Bemerkungen, Blumen, Glauben und Liebe* und *Politische Aphorismen* – diese Texte wurden mit der 3. Aufl., 1981, verglichen –, Bd. 3: *Das philosophische Werk II*, 1968, darin: *Die Christenheit oder Europa*. Die Orthographie wurde behutsam modernisiert, ein Apostroph nur gesetzt, wo eine mißverständliche Form sonst möglich schien. Sperrungen erscheinen kursiv, ebenso von Novalis in der Handschrift unterstrichene Stellen. Die Interpunktion folgt der Druckvorlage. Zusätze in eckigen Klammern stammen vom Herausgeber der historisch-kritischen Ausgabe, von Novalis gestrichene Stellen stehen in spitzen Klammern.

Anmerkungen

Zu Beginn jeder Anmerkung sind Seiten- und Zeilenzahl sowie halbfett die Nummer des jeweiligen Fragments angegeben.

Vermischte Bemerkungen

5,5 **1** *Wir suchen überall das Unbedingte:* vgl. Schelling, *Vom Ich als Princip der Philosophie oder über das Unbedingte im menschlichen Wissen* (1795), S. 10–12: »Unsre Frage: wo das Unbedingte zu suchen sey, klärt sich nun allmählig und von selbst auf. [...] nun zeigt es sich, daß es überall nicht in der Sphäre der Objekte [...] zu suchen seye. [...] Bedingen heißt die Handlung, wodurch etwas zum Ding wird, bedingt, das was zum Ding gemacht ist, woraus zugleich erhellt, daß nichts durch sich selbst als Ding gesezt seyn kann, d. h. daß ein unbedingtes Ding ein Widerspruch ist.« Nach Auskunft seines Tagebuches beschäftigte sich Novalis mit Schelling vom 29. Juni bis 2. Juli 1797. – Im *Allgemeinen Brouillon* (1798/99) erörtert Novalis den Gedanken, daß »jede Wissenschaft ihren Gott« habe, der »zugleich ihr Ziel« sei. Unter ausdrücklichem Hinweis auf sein »erstes Fragment im Blüthenstaub« sagt er: »Jede immer getäuschte und immer erneuerte Erwartung deutet auf ein Capitel der Zukunftslehre hin« (HKA III,296).

5,7–14 **2** Zu Novalis' Zeichentheorie vgl. Hannah (1981) Kap. 4, S. 103–157.

6,24 **10** *Die Erfahrung ist die Probe des Rationalen:* s. auch HKA III,348; vgl. dazu Kant, *Über den Gemeinspruch: Das mag in der Theorie richtig sein, taugt aber nicht für die Praxis.* Der Beitrag erschien in der *Berlinischen Monatsschrift*, September 1793 (Kant, *Gesammelte Schriften* [Akademie-Ausg.], Bd. 8, 1912, S. 243 bis 313).

7,25 **14** *Amelioration:* Verbesserung, insbesondere Bodenverbesserung.

14 *Deterioration:* Verschlechterung, Verderbnis.

7,30 **14** *Fürstenschule:* eine der zuerst im 16. Jh. von Herzog (später Kurfürst) Moritz von Sachsen gegründete Internatsschulen, mit denen erstmals der Landesherr (der Staat) und nicht mehr die Kirche bzw. eine private Institution oder Gemeinde als Schulträger auftrat.

8,2 **15** *Reduktion:* Zurückführung: 1. in der Chemie und metallurgischen Hüttenkunde die Herstellung eines Metalls aus irgendeiner seiner Verbindungen oder das Überführen eines höheren Oxyds in ein niedrigeres; 2. in der Mathematik die Verminderung, Verkleinerung in einem bestimmten Verhältnis; 3. bei Münzen, Maßen und Gewichten die Umrechnung (der in einem Maß gemessenen Größe) in ein anderes Maß.

8,6 **17** *Metempsychose:* Seelenwanderung.

8,9 f. **17** *Nach Innen geht der geheimnisvolle Weg:* Vgl. Schellings Darstellung der intellektualen Anschauung in *Philosophische Briefe über Dogmatismus* [in der ersten Folge: *Dogmaticismus*] *und Kriticismus* (in: *Philosophisches Journal*, Bd. 2, 1795, S. 177–203; Bd. 3, 1795, S. 173–239): »Uns allen nämlich wohnt ein geheimes, wunderbares Vermögen bei, uns aus dem Wechsel der Zeit in unser Innerstes, von allem, was von außenher hinzukam, entkleidetes Selbst zurückzuziehen, und da unter der Form der Unwandelbarkeit das Ewige in uns anzuschauen. Diese Anschauung ist die innerste, eigenste Erfahrung, von welcher allein alles abhängt, was wir von einer übersinnlichen Welt wissen und glauben. [. . .] In diesem Moment der Anschauung schwindet für uns Zeit und Dauer dahin: nicht *wir* sind in der Zeit, sondern die Zeit – oder vielmehr nicht sie, sondern die reine absolute Ewigkeit ist *in uns*« (Achter Brief, Bd. 3, S. 203–205).

8,12 f. **17** *Sie wirft ihren Schatten in das Lichtreich:* Mähl deutet die Stelle als Vorwegnahme der Lichtmetaphysik von Plotin (129–214), deren philosophiehistorische Darstellung Novalis ein Jahr später bei Dietrich Tiedemann (1748–1803), *Der Geist der spekulativen Philosophie*, 6 Bde. [behandelt die Philosophie von Thales bis Berkeley], Marburg 1791–97, vor allem in Bd. 3: *Welcher von der neueren Akademie bis zu den Arabern geht* (1795), vorfand und in sein Gedankensystem aufnahm (vgl. Mähl, 1963, S. 193 f.).

8,18 **18** *Darwin:* Erasmus D. (1731–1802), englischer Arzt, Naturforscher und didaktischer Dichter, Großvater von Charles Darwin. Die von Novalis angezogene Stelle findet sich in dem Werk *Zoonomia or The Laws of Organic Life*, London 1794, worin D. bereits eine Entwicklungstheorie aufstellte, die aber seinen – eher empirisch arbeitenden – Enkel nicht beeinflußte. Novalis kannte Bd. 1 und 2 der deutschen Übersetzung: *Zoonomie, oder Gesetze des organischen Lebens*, aus dem Engl. übers. und mit Anm. begl. von J. D. Brandis, Hannover 1795 (Bd. 3 ersch. erst 1799). – Die

Stelle bei D. lautet: »Haben wir aber viel von sichtbaren Gegenständen geträumt, so ist diese Anhäufung der sensoriellen Kraft in dem Gesichtsorgan vermindert oder verhütet und wir erwachen am Morgen ohne durch das Licht geblendet zu werden, nachdem sich die Pupille hinlänglich zusammengezogen hat. Dieses ist ein Gegenstand von vorzüglicher Merkwürdigkeit und kann von jedem am Tage versucht werden« (Bd. 1, S. 377 f.).

9,12–14 **22** *So ist also ... das Genie zu behandeln:* vgl. dazu auch S. 29, Nr. 93. Zu dem Verhältnis von Genie und Talent vgl. Kant, *Kritik der Urteilskraft,* § 49 »Von den Vermögen des Gemüts, welche das Genie ausmachen«.

9,24–10,28 **23** Auffallend sind die zahlreichen Übereinstimmungen in diesem Fragment mit Novalis' Tagebuch-Eintragungen nach Sophie von Kühns Tod (19. März 1797). Mähl deutet diese Ausführungen als »eine abschließende gedankliche Verarbeitung des Sophien-Erlebnisses« (HKA II,304, Anm. 26).

10,32 **25** *Profanation:* Entweihung, Entheiligung.

12,1 f. **28** *seines transzendentalen Selbst:* seiner über ihn hinaus reichenden Möglichkeiten. Ähnlich wie an dieser Stelle Novalis äußert sich Schiller: »Jeder individuelle Mensch, kann man sagen, trägt, der Anlage und Bestimmung nach, einen reinen idealischen Menschen in sich, mit dessen unveränderlicher Einheit in allen seinen Abwechslungen übereinzustimmen, die große Aufgabe seines Daseyns ist.« Schillers Anmerkung verweist auf die »›Vorlesungen über die Bestimmung des Gelehrten‹ von meinem Freund Fichte, wo sich eine sehr lichtvolle und noch nie auf diesem Wege versuchte Ableitung dieses Satzes findet« (»Über die ästhetische Erziehung des Menschen in einer Reihe von Briefen«, 4. Brief, in: Schiller, *Werke*, Nationalausg., Bd. 20, hrsg. von Benno von Wiese, Weimar 1962, S. 316).

13,30–14,4 **36** Novalis knüpft hier an Friedrich Schlegels Ironie-Definition in Nr. 108 der *Kritischen Fragmente* (*Lyzeum der schönen Künste*, Bd. 1, T. 2, 1797) an, die beginnt: »Die Sokratische Ironie ist die einzige durchaus willkürliche, und doch durchaus besonnene Verstellung.« Schlegel kennzeichnet im weiteren die Ironie als »ein Gefühl von dem unauflöslichen Widerstreit des Unbedingten und des Bedingten«. Da Novalis in *Vermischte Bemerkungen*, Nr. 30, erklärt hat: Humor ist Resultat einer freien Vermischung des Bedingten und des Unbedingten«, folgt daraus logisch der Schluß: »Schlegels Ironie scheint mir echter Humor zu sein.«

15,1–15 **43** Das Fragment steht in engem gedanklichen Zusammenhang mit Nr. 17. Eine spätere Aufzeichnung im *Allgemeinen Brouillon* stellt eine Beziehung der dialektischen Reflexionsrichtung von Innen und Außen zur Ideenlehre Platons her: »Platos Ideen – Bewohner der *Denkkraft* – des innern Himmels. (Jede Hineinsteigung – Blick ins Innre – ist zugleich Aufsteigung, Himmelfahrt – Blick nach dem *Wahrhaft Äußern*)« (HKA III,434). In dieser Aussage wird wiederum deutlich, daß Novalis in den Lehren der antiken Denker Platon und vor allem des Neuplatonikers Plotin bestätigende Anschauungen fand (vgl. auch Anm. zu Nr. 17, S. 8,12 f.).

17,28 f. **54** Novalis bezieht sich hier unmittelbar auf Gedanken, die Friedrich Schlegel in seiner Schrift *Die Griechen und Römer*, Bd. 1 (1797), vorträgt. Novalis' Lektüre des Buches wird durch eine Tagebuch-Eintragung vom 29. Juni 1797 belegt (vgl. HKA IV,48). Das Fragment steht in unmittelbarem gedanklichen Zusammenhang mit Nr. 51.

17,34 **57** *Menstruum universale:* in der Alchemie das Auflösungsmittel, das nach Ansicht der Alchemisten eine vollständige Auflösung im Verlauf eines ›philosophischen Monats‹, d. h. in 40 Tagen, zustande bringt.

18,21–26 **60** Die Anschauung, daß die führende Rolle bei der geistigen Erneuerung der Völker der deutschen Nation zufallen wird, vertritt Novalis besonders deutlich in *Die Christenheit oder Europa*: »In Deutschland hingegen kann man schon mit voller Gewißheit die Spuren einer neuen Welt aufzeigen« (vgl. Anm. zu S. 82,1–3).

19,4 f. **63** *Das Kapitol ... bestimmen:* Die schlafenden Wächter der Burg- und Tempelanlage auf dem Kapitolinischen Hügel in Rom, die ein Heiligtum der römischen Göttertrias Jupiter, Juno, Minerva war, wurden der Sage nach während eines Gallierangriffes durch das Geschrei der der Juno geweihten heiligen Gänse geweckt.

19,28 **67** *Die Medicis, die Fugger:* Die Familie der Medici war im 14. Jh. durch Bankgeschäfte zu großem Reichtum gelangt; Cosimo de M. (»der Alte«, 1389–1464) errang auch die politische Macht über Florenz. Mit Lorenzo de M. (»dem Prächtigen«, 1449–92) entwickelte sich die Herrschaft der M. zu einer Monarchie, ohne daß die republikanische Staatsverfassung zunächst aufgehoben wurde. Im 16. Jahrhundert wurden die M. dann Großherzöge von Toskana (bis 1737). – Die Fugger, eine Augsburger Kaufmannsfamilie, begannen ihren Aufstieg mit Jakob F. (»dem Reichen«, 1459–1525) und seinen Brüdern. Sie finanzierten u. a. die Kaiserwahl Karls V., nachdem schon dessen Großvater Maximilian I. sich tief bei ihnen verschuldet hatte. Dies führte zum Besitz großer Silber- und Kupferbergbaumonopole in Ungarn und anderen habsburgischen Ländern. Sie begründeten so das größte europäische Bankhaus des Frühkapitalismus. 1530 wurden die Neffen des kinderlosen Jakob F. Raimund F. (1489–1535) und Anton F. (1493–1560) in den Reichsgrafenstand erhoben. Während der Reformation stellten sie sich auf die Seite der katholischen Kirche. Als Mäzene förderten sie Kunst und Künstler und besaßen umfangreiche Kunst- und Büchersammlungen.

19,29 f. **67** *die Hopes und Teppers:* englische Kaufleute, John William Hope (1757–1813) gründete als Bankier und Kaufmann die Firma Hope & Co in Amsterdam. Später kehrte er nach England zurück; der Name »Tepper« ließ sich nicht nachweisen.

22,28 **73** *Pantheismus:* in der Philosophie die Lehre von der völligen seinsmäßigen Einheit von Gott und Weltall (Natur).

22,29 **73** *Entheismus:* Monotheismus.

23,9 **73** *nezessitieren:* notwendig machen.

23,13 **73** *im Sinn der Auguren:* Die Auguren bildeten ein angesehenes Priesterkollegium in Rom. Ihre Aufgabe war es, aus der Beobachtung des Fluges und des Geschreis der Vögel, des Fressens der heiligen Hühner sowie aus Blitz und Donner den Willen der Götter (»auspicia«) in bezug auf menschliche Vorhaben zu erforschen. Bei diesen Auspizien, die im Auftrag der Magistrate von Staats wegen gestellt wurden, dienten die Auguren als Sachverständige. Sie grenzten für die Beobachtung der Zeichen das »templum« ab, d. h. den Raum, in welchem der Beobachtungsvorgang ablief. In Rom waren für regelmäßig stattfindende Beobachtungen ständige »templa« abgegrenzt, z. B. auf dem Kapitol und dem Forum.

23,19 **74** *Masonnerie:* frz. *maçonnerie* ›Freimaurerei‹.

23,22–24 **74** *Zuerst verließ August diese Basis – und Hadrian zerstörte sie ganz:* Caius Iulius Caesar Octavianus Augustus, der erste römische Kaiser, lebte 63 v. – 14 n. Chr. Novalis spielt auf die Tatsache an, daß es A. als Adoptivsohn und Erben C. Iulius Caesars, seines Großonkels, gelang, die wichtigsten Ämter der römischen Republik (Pontifex maximus, Volkstribun, Zensor, Imperator, Konsul) in seiner Person zu vereinigen und sich als

Alleinherrscher (lat. *princeps* ›der Erste‹) durchzusetzen. Die Entwicklung in Richtung auf eine monarchische Staatsform wurde durch A. vollendet. – Publius Aelius Hadrianus, geb. 76 n. Chr., reg. 117–138 n. Chr. H. gebot der expansiven Erweiterung des Reiches Einhalt und war bestrebt, durch Grenzbefestigungen (Hadrianswall in Nordengland u. a.) den Bestand zu sichern und durch Heeres- und Verwaltungsreformen die Staatseinrichtungen neu zu ordnen. Novalis sieht in diesen Entwicklungen eine gegenläufige Tendenz zur Politik der universalausgreifenden römischen Republik.

23,31 **75** *im tausendjährigen Reiche:* im Christentum die Vorstellung einer Herrschaft Christi, die der eigentlichen Gottesherrschaft vorangeht (*Chiliasmus*; vgl. 2. Kor. 15,22–28). Die Zahl Tausend findet sich in Offb. 20,2 ff.

24,9 f. **75** *kat exochin:* griech. κατ' ἐξοχήν ›vorzugsweise‹.

24,29 **76** *Septanfieber:* in Intervallen von sieben Tagen auftretende Art des Rückfallfiebers.

24,33 f. **76** *Parties de plaisir:* (frz.) Vergnügungen.

25,5 **76** *Opiat:* opiumhaltiges Medikament, vor allem auch in schwersten Fällen wirkendes Schmerzmittel.

25,23 **76** *par force:* (frz.) mit Gewalt, unbedingt.

26,2 **77** *gnomischen Massen:* Massen von Gnomen. Gnome: kurze, sinnreiche, oft bildlich ausgedrückte Sprüche. Sie können eine allgemeine Erfahrung, Bewertung, Regel oder einen Grundsatz enthalten. Zu den Gnomen gehören z. B. die *Sprüche Salomonis*, die unter Odins Namen enthaltenen Sprüche in der *Saemundar Edda* und die Priameln, die in Deutschland vor allem im 14. und 15. Jh. (Hans Rosenplüt) sehr beliebt waren.

27,9 **83** *Inzitation:* Erregung (erregende Potenz) im Sinne der Erregungstheorie John Browns (1735–88; *Elementa medicinae*, 2 Bde., 1780, dt., *System der Heilkunde*, hrsg. von Christoph Heinrich Pfaff, 1796). Der ›Brownianismus‹ wurde in Deutschland insbesondere von den Medizinern Andreas Röschlaub und Melchior Adam Weikard in Übersetzungen von Browns Werken und eigenen Schriften verbreitet, aber auch z. B. von Schelling (*Von der Weltseele*, 1798) rezipiert. In Novalis' Aufzeichnungen läßt sich verfolgen, daß Browns System, die Auffassung von der Polarität und dem Ausgleich gegensätzlicher Kräfte, offenbar mit Novalis' eigener Denkform übereinstimmte. – Das medizinische System Browns beruht auf der Annahme, die Eigentümlichkeit der lebenden Substanz sei die Erregung. Danach werden die

Krankheiten eingeteilt in sthenische und asthenische. »Asthenie« ist der Zustand zu geringer Erregung, »Sthenie« der zu starker Erregung. »Direkte Asthenie« meint das Bestehen zu geringer Erregung durch mangelnde Erregbarkeit, »indirekte Asthenie« das Vorhandensein zu geringer Erregung aufgrund eines vorausgegangenen zu großen Verbrauchs von Erregung. Analog dazu ist die direkte Sthenie verursacht durch einen Überschuß an Erregbarkeit. Die Therapie zielt jeweils auf Verminderung oder Vermehrung der erregenden Potenz, um den Zustand des Gleichgewichts zwischen den Erregungskräften, d. h. die Gesundheit, wiederherzustellen. Zu Novalis' Verhältnis zu Brown vgl. Bluth (1934) und Neubauer (1965).

28,5 **87** *nicht actu, doch potentia:* nicht tatsächlich, aber dem Vermögen nach.

28,20 f. **89** *Skeptizismus spurius:* lat. *spurius* ›unehelich‹, als Substantiv: ›Bastard, uneheliches Kind‹; Skeptizismus: jene erkenntniskritische Haltung, die die Möglichkeit der Erkenntnis absoluter Wahrheit bzw. einer sicheren Wahrheit bezweifelt, entweder generell oder auf bestimmte Gebiete (z. B. Moral, Religion) beschränkt.

29,33 f. **93** *Archimed kann nun sein Versprechen erfüllen:* Archimedes (um 287 – 212 v. Chr.), wohl der bedeutendste griechische Physiker und Mathematiker, soll geäußert haben: »Gib mir einen Punkt, wo ich hintreten kann, und ich bewege die Erde.« Er wurde bei der Eroberung Syrakus' durch die Römer ermordet; seine Kriegsmaschinen hatten Syrakus einen zweijährigen Widerstand ermöglicht.

30,9 **95** *uno actu:* (lat.) in einer Handlung, in einem Zug.

30,9 f. **95** *Keine Präzipitation ohne Sublimation:* Präzipitation: veralteter Ausdruck für den chemischen Vorgang der Fällung, dem Destillieren eines festen Stoffes aus einer Lösung. – Sublimation: Verflüchtigung eines festen Stoffes (Übergehen in einen dampfförmigen Zustand) unterhalb seines Schmelzpunktes. Novalis verwendet diese Begriffe in übertragener Bedeutung.

30,15 **98** *Approximation:* Annäherungsverfahren, vor allem in der Mathematik zur Bestimmung irrationaler Größen. Novalis überträgt diesen Begriff in die Philosophie: der Zugang zu unendlichen Größen sei nur über das Gesetz der Näherung zu gewinnen. »Hab ich das Gesetz der *Näherung*, so kenn ich auch die Natur der unendlichen Größe. Jede Gr[öße] kann durch eine Reihe ausgedrückt werden [...]. Jede Gr[öße] ist ein Aggregat, ein Theilbares[,] eine Reihe, Kette – eine schlechthin einfache Gr[öße] giebts nicht« (HKA III,127). – Die Approximation liegt demnach als allgemeines geistiges Verfahren jeder unendlichen Reihenbildung aus zufälligen, empirischen Größen zugrunde (vgl. Nr. 65 und vor allem die Ausführungen über das Approximationsprinzip zur Auflösung der letzten Fragen in Wissenschaft und Philosophie, s. HKA III,296). Somit erschließt sie auch das Konstruktionsgesetz des romantischen Romans, der – wie *Heinrich von Ofterdingen* – den Übergang vom Unendlichen zum Endlichen darstellt. Vgl. dazu die Erörterung über das Wesensgesetz des Romans (HKA II,570).

31,26 **103** *Helvetius:* Claude Adrien H. (1715–1771); im Jahre 1758 erschien sein Werk *De l'esprit*. Er leitet dort das Denkvermögen aus dem Gefühl- und Auffassungsvermögen (»sensibilité«) ab. Nach H. liegt der Hebel aller Tätigkeiten im Bedürfnis nach Selbstbefriedigung (»l'interêt«). Die Tugend bestehe darin, die eigene Befriedigung dem allgemeinen Wohlsein unterzuordnen. Das Buch wurde 1759 auf Befehl des Pariser Parlamentes verbrannt und mußte vom Autor förmlich widerrufen werden.

103 *Locke:* John L. (1632–1704), Begründer des englischen Empirismus. Auf einem Verzeichnis von Philosophen und Büchertiteln, das auf Anfang bis Mitte Oktober 1798 zu datieren ist, findet sich auch sein Name: »*Platners Aphorismen*. Baumgartens Metaphysik und Logik. Tiedemanns Geist der spekulativen Philosophie. – Hume. Spinosa – Locke. Krusius. Wolf. Tennemanns Plato. Reinhold und Bek. Tetens. Lamberts neues Organon.« Das Verzeichnis, das vermutlich als Bücherbestellzettel diente, weist auf die Beschäftigung mit L. zur Zeit der Arbeit an den *Vermischten Bemerkungen* hin.

32,2 **105** *Sein Forster und Lessing:* Gemeint sind Friedrich Schlegels Essays *Georg Forster*, erschienen im *Lyceum der schönen Künste*, Bd. 1, T. 1 (1797), und *Über Lessing*, ebd., Bd. 1, T. 2.

32,2 f. **105** *Minuspoesieen:* Zur Bedeutung dieses Begriffes vgl. die Aufzeichnungen aus den *Logologischen Fragmenten* (1. Hälfte 1798): »Es wäre eine artige Frage, ob denn das lyrische Gedicht eigentlich Gedicht, Pluspoësie, oder Prosa, Minuspoësie wäre?« (HKA II,536). Im Zusammenhang der Fragment-Sammlung erörtert Novalis auch die Anwendung des Begriffs auf Voltaire: »Voltaire ist einer der größesten Minuspoëten, die je lebten« (HKA II,537).

32,13 **106** *Hemsterhuis:* Frans H. (1722–90), niederländischer Philosoph, bekleidete die Stelle eines Sekretärs der Generalstaaten der

Vereinigten Niederlande. Die *Hemsterhuis-Studien*, die Novalis im Herbst 1797 niederschrieb, belegen sein intensives Studium des holländischen Philosophen, dessen Gedanken er bereits 1791 kennengelernt hatte. Vgl. dazu Hans-Joachim Mähl (HKA II,309–344), insbesondere seine Feststellung: »Es ist also die Tatsache hervorzuheben, daß Novalis selbst Hemsterhuis in den erhaltenen Dokumenten bis Ende 1797 weder direkt noch indirekt erwähnt und daß sich erst seit dieser Zeit ein wirklich tiefgehender Einfluß geltend macht, der sich bis zu seinem Tode nicht mehr verliert« (311).

106 *Homeride:* Homeriden nannten sich die Mitglieder einer Sängergilde, die in der Antike auf Chios lebten und Homer als ihren Ahnherrn verehrten.

32,16 f. **109** *Emanationssystems:* Emanation: in der neuplatonischen Philosophie das Hervorgehen, der ›Ausfluß‹ alles Seienden aus dem Einen, das als das Vollkommene bestimmt wird. Je größer die Entfernung des Seienden vom Einen wird, um so unvollkommener wird es. Novalis gebraucht den Begriff hier im übertragenen Sinn. Die Emanationslehre lernte er durch die Plotin-Darstellung in Dietrich Tiedemanns *Der Geist der spekulativen Philosophie*, Bd. 3: *Welcher von der neueren Akademie bis auf die Araber geht*, Marburg 1795, kennen (vgl. auch Anm. zu Nr. 17, S. 8,12 f.). Darüber hinaus konnte er Anregungen aus dem Werk von Kurt Sprengel, *Versuch einer pragmatischen Geschichte der Arzneikunde* (1792), entnehmen, das er in seiner Büchersammlung hatte. Vgl. zu diesem Zusammenhang Mähl (1963) S. 147, sowie Novalis' Brief an Friedrich Schlegel vom 10. Dezember 1798: »Ich weis nicht, ob ich Dir schon von meinem lieben *Plotin* schrieb. Aus Tiedemann lernt ich diesen für mich gebornen Philosophen kennen – und erschrack beynah über seine Aehnlichkeit mit Fichte und Kant – und seine idealische Aehnlichkeit mit ihnen« (HKA IV,269).

32,19 **110** *Ephraimiten:* Spottname für Silbermünzen, die während des Siebenjährigen Krieges im Auftrag Friedrichs des Großen, der den Krieg nur noch durch Münzverschlechterung weiter finanzieren konnte, von einer jüdischen Firma geprägt wurden. Deren Besitzer hieß Veitel Ephraim. Sie waren so gering an Silbergehalt, daß sie bald in Verruf kamen. Insgesamt wurden Münzen im Wert von sieben Millionen Taler in Umlauf gesetzt; nach dem Frieden von Hubertusburg (1763) wurden sie aus dem Verkehr gezogen.

33,1 **111** *Heydenreich:* Karl Heinrich H. (1764–1801), seit 1789 außerordentlicher Professor der Philosophie in Leipzig, Anhänger Spinozas und Kants; veröffentlichte von 1790 bis zu seinem Tode 1801 sieben größere, teils mehrbändige Schriften zur Ästhetik, zum Natur- und Staatsrecht, zum Atheismus, Religion und Aberglauben. Er versuchte sich auch als Lyriker und veröffentlichte 1792 einen Band *Gedichte* (ein zweiter Band ersch. 1802 postum).

33,2 **111** *Jakob:* Ludwig Heinrich von J. (1759–1827), seit 1791 Professor der Philosophie, seit 1807 Professor der Staatswissenschaften in Charkow, seit 1816 Professor der Staatswissenschaften in Halle. Zu seinen philosophischen Werken gehören vor allem die für die Verbreitung der Kantischen Philosophie wichtigen *Prolegomena zur praktischen Philosophie* (1787) und *Grundriß der allgemeinen Logik* (1788, ^{4}1800).

111 *Abicht:* Johann Heinrich A. (1762–1816), seit 1790 Professor der Philosophie in Erlangen.

111 *Pölitz:* Karl Heinrich Ludwig P. (1772–1838), seit 1795 Professor an der Ritterakademie in Dresden, 1803 außerordentlicher Universitäts-Professor in Leipzig, im selben Jahr als ordentlicher Professor berufen nach Wittenberg für Natur- und Völkerrecht, 1815 ordentlicher Professor für sächsische Geschichte und Statistik in Leipzig, seit 1820 daselbst Professor der Politik und Staatswissenschaft; veröffentlichte historische und staatswissenschaftliche Handbücher und Untersuchungen, Herausgeber des Werkes *Die europäischen Verfassungen seit 1789* (4 Bde., 1817 bis 1825). Seine Privatbibliothek umfaßte 30000 Bände und ging nach seinem Tod in den Besitz der Stadt Leipzig über.

33,9 **112** *Anthropognosten:* Anthropologen.

33,9 f. **112** *asthenischer Anlagen:* Begriff aus der Erregungslehre von John Brown (vgl. Anm. zu Nr. 83, S. 27,9): *Asthenie* ›Kraftlosigkeit, Schwäche, Erschöpfung, Abspannung‹.

33,21 **114** *All[gemeine] Lit[eratur] Zeit[ung]:* begründet 1785 unter Mitwirkung Wielands, Bertuchs und Christian Gottfried Schütz' in Jena, wandte sich seit den neunziger Jahren an das gebildete Publikum und an die Gelehrtenwelt, bot sehr umfangreiche Rezensionen. 1785–1800 erschien eine Beilage: *Allgemeines Repertorium der Literatur.* Das Urteil des Novalis zeigt die ablehnende Haltung der Romantiker, die schließlich auch August Wilhelm Schlegel bewog, die Mitarbeit im Jahr 1799 aufzukündigen. Sein Absagebrief erschien am 13. November 1799 im »Intelligenzblatt«, d. h. dem Anzeigen- und Nachrichtenteil, der *Allgemeinen Literatur Zeitung.*

33,24 **114** *Hufelands Makrobiotik:* Christoph Wilhelm Hufeland (1762–1836), dessen Vater Leibarzt der Herzogin Anna Amalia von Sachsen-Weimar-Eisenach war, wurde 1793 Professor der Medizin in Jena, 1798 königlicher Leibarzt und erster Arzt am Charité-Krankenhaus in Berlin, 1809 Professor der speziellen Pathologie und Therapie. Sein Werk *Makrobiotik, oder die Kunst, das menschliche Leben zu verlängern* (1797) empfahl u. a. als Regel, den Organismus von störenden oder starken Reizen abzuschirmen und maßvoll zu leben (Prinzip der *Mediokrität*).

33,27 **114** *debauchierte:* debauchieren: ausschweifen.

34,4 **115** *Burke:* Edmund B. (1730–97), englischer Staatsmann und Redner. Das von Novalis erwähnte Buch, *Reflections on the Revolution in France* (1790), wurde ins Deutsche übersetzt und herausgegeben von Friedrich Gentz: *Betrachtungen über die Revolution* (1793). Novalis' Büchersammlung enthielt ein anderes Werk von B., *Philosophical Inquiry into the Origin of Our Ideas of the Sublime and Beautiful* (1757).

34,28 f. **117** *die Aufnahme von »Hermann und Dorothea«:* vgl. dazu Novalis' Brief an August Wilhelm Schlegel vom 24. Februar 1798, wo er vom »Dichter des armen verschmäheten Hermanns« spricht (HKA IV,252). Die Lektüre von Goethes Epos hinterließ auf Novalis einen tiefen Eindruck, vgl. dazu seinen Brief an Friedrich Schlegel vom 26. Dezember 1797: »H[ermann] u[nd] D[orothea] ist für mich erstaunlich viel. Ich habe mir noch nicht verstattet, ein Urtheil darüber zu fällen – und noch kann ich auch kein *Gedicht* darüber machen« (HKA IV,243). August Wilhelm Schlegel veröffentlichte eine Rezension zu *Hermann und Dorothea* in der *Allgemeinen Literatur Zeitung* im Dezember 1797, die Novalis' Zustimmung fand. Er schrieb am 12. Januar 1798 an Schlegel: »Sie [die Rezension] hat meinen Genuß dieses schönen Gedichts dephlogistisirt [entflammt]. In diesem hohen Geist, womit Sie es umgeben, leuchtet es mit zehnfachem Lichte, und scheidet sich in den schärfsten Umrissen von allem, was es umgiebt« (HKA IV,244).

35,8 **120** *Saturnalien:* eines der ältesten und volkstümlichsten Feste Roms wurde am 17. Dezember zu Ehren des Saturnus, eines altrömischen Gottes der Fruchtbarkeit – später mit dem griechischen Kronos gleichgesetzt –, gefeiert. Unter den römischen Kaisern wurden die Feiertage auf eine Woche ausgedehnt und entwickelten sich zu einer Art Karneval. Die Saturnalien sollten eine symbolische Rückkehr zu den glücklichen Zeiten der Herrschaft des Saturnus darstellen, unter dessen Regierung, wie unter Kronos, dem Vater des Zeus, Friede, Freiheit und Gleichheit unter den Menschen geherrscht haben soll. Daher wurden die Sklaven während des Festes wie Freie behandelt und von ihren Herren bewirtet.

35,9 **121** *Die Geognosten:* Geognost: alter Ausdruck für ›Geologe‹. Der Begründer der Geologie als Erfahrungswissenschaft war Abraham Gottlieb Werner (1750–1817), der Lehrer des Novalis während dessen Studium an der Bergakademie in Freiberg 1798.

35,11 **121** *im »Meister«:* vgl. Johann Wolfgang Goethe, *Wilhelm Meisters Lehrjahre*, B. 4, Kap. 20: »Es ist der Charakter der Deutschen, daß sie über allem schwer werden, daß alles über ihnen schwer wird.«

Glauben und Liebe

42 [Titel] *Glauben und Liebe:* die beiden zentralen Begriffe der Paulinischen Theologie. Der Glaube ist das Fundament, er bezieht sich auf Gott und die Person Jesu Christi; aber die Liebe, die sich die Werke, die Handlungsweise des Einzelnen gegenüber seinen Mitmenschen bezieht, wird gelegentlich noch stärker betont: »Denn in Christo Jesu gilt weder Beschneidung noch unbeschnitten sein etwas, sondern der Glaube, der durch die Liebe tätig ist« (Gal. 5,6). Von Paulus' Auffassung wurde Luthers Theologie sehr stark beeinflußt (vgl. Luther, *Sämmtliche Werke*, Erlangen 1827, Bd. 8, S. 61, sowie Bd. 7, S. 159). Die religiöse Grundlegung des Menschlichen in Glauben und Liebe wird auch in der Parallelstelle in *Die Christenheit oder Europa* deutlich (vgl. S. 70).

42,12 f. **1** *Tropen- und Rätselsprache:* Trope: in der Rhetorik die Ersetzung eines Ausdrucks der Alltagssprache durch einen ihm verwandten bildlichen, z. B. *eilen* durch *fliegen*. Zu den Tropen rechnen als rhetorische Figuren die Metonymie, Metapher und Synekdoche.

43,5 **4** *Abbreviatur:* Abkürzung; urspr. die Abkürzung bestimmter Worte bzw. Zeichen in mittelalterlichen Handschriften und der Musik.

43,6 **4** *Elongatur:* Verlängerung.

43,19 **6** *Libellen:* ein doppelsinniger Ausdruck: Libellen sind als eine besonders schöne Insektengattung bekannt; andererseits weist das Wort hin auf lat. *libellus* ›Büchlein‹, d. h. ist wohl eine Anspielung auf die Dichter.

43,21 **6** *Doppelgestirn:* der König und die Königin.

43,23 f. **7** *Ein blühendes Land ... ein Park:* Der Vergleich der englischen Regierungsform mit einem englischen Park läßt nach Auffassung von Schulz (*Novalis. Werke*, [2]1981, S. 756) darauf schließen, daß Novalis genaue Kenntnis der sozialen und gesellschaftlichen Verhältnisse im zeitgenössischen England besaß und daß er sich von Edmund Burkes (vgl. Anm. zu *Vermischte Bemerkungen*, Nr. 115, S. 34,4) beschönigenden Schilderungen der britischen Wirklichkeit nicht täuschen ließ. Vgl. auch Hans Wolfgang Kuhn (1961) S. 129 f.: »So hübsch der künstlich gebildete Naturstand eines englischen Parks und der englischen Verfassung auch sein mochte, ein vollendetes Kunstwerk sah Novalis in ihnen darum nicht.«

43,28 **8** *Der Beste:* Heinrich IV. von Frankreich (1553–1610, reg. seit 1589). Er soll gegenüber dem Herzog von Savoyen geäußert haben: »Wenn Gott mir noch Leben schenkt, so will ich es so weit bringen, daß es keinen Bauern in meinem Königreiche gibt, der nicht imstande sei, ein Huhn in seinem Topfe zu haben« (nach »Paroles mémorables« in: *Histoire du roy Henri le Grand* von Hardouin de Pérefixe, 1681).

44,6 **9** *Eudiometer:* Gerät zur Messung des Sauerstoffgehaltes der Luft. Die einfachste Form des Eudiometers benutzte 1777 Alessandro Volta (1745–1827). Im ersten *Chymischen Heft* notiert Novalis: »Priestley – Erfinder des Eudiometers. Er hat durch *Salpeterluft* – Scheele durch *geschwefeltes Eisen* – andre (Reboul) durch *Phosphor*, Humboldt durch *Schwefelleber* den Oxigènegehalt der atm[osphärischen] Luft zu erforschen gesucht« (HKA III,39).

44,9 **9** *Salpeter:* Novalis denkt hier besonders an Salpeter, das Salz der Salpetersäure (HNO_3), als Element zur Herstellung des Schießpulvers. Vgl. dazu sein *2. chymisches Heft* (1798): »Haupteigenschaft d[er] Salpet[er] S[äure] – ihre detonirenden Verbindungen. Detonation = schnelle Entbindung großer Volumina Luft« (HKA III,43). Novalis meint im übertragenen politischen Sinn, daß die Lebensluft eines Staates mehr durch Werke des Friedens als des Krieges zu gewinnen sei.

44,22 **12** *Schwefelkies:* Pyrit (›Eisenkies‹), metallisches Mineral (FeS_2), das beim Schlagen Funken gibt. Es kann sich durch bei der Verwitterung entstehende Wärme entzünden.

44,25 **13** *mephitischen:* giftigen, erstickenden.

44,32 **13** *Lilie an der Sonne:* Anspielung auf die Königin und auf die Lilie in Goethes Märchen (1795). Die Lilie ist ein altes jüdisch-christliches Sinnbild der Reinheit und andererseits Königszeichen, etwa in der bourbonischen Lilienfahne.

45,28 **15** *Alteration:* Aufregung, krankhafte Veränderung.

48,14 **21** *Inzitation:* Erregung (urspr. Begriff aus Browns Erregungstheorie, vgl. Anm. zu *Vermischte Bemerkungen*, Nr. 83, S. 27,9).

48,16 **21** *alles in Fluß:* vgl. »Das Ende des Haders«, S. 40.

48,24 **21** *Wärmestoff:* Novalis bezieht sich auf die Phlogistontheorie. Das Phlogiston (›Wärmestoff‹, griech. φλογίζειν ›in Brand setzen, verbrennen‹) war ein – zuerst von Ernst Georg Stahl (1660–1734) – hypothetisch angenommener Stoff, von dem die zeitgenössischen Naturwissenschaftler glaubten, daß er bei Verbrennung entweiche und so die Ursache derselben darstelle (daher: *dephlogistieren* ›entflammen‹, d. i.: ›vom Phlogiston befreien‹). Vertreter der Phlogistontheorie war u. a. der von Novalis hochgeschätzte Franz von Baader (1765–1841), der in seiner auch Novalis bekannten Schrift *Vom Wärmestoff* (1786) ausführte, daß dieser »als wesentlich flüssiger Stoff erstes und einziges Principium aller Fluidität der übrigen irdischen Stoffe« sei (F. v. B., *Sämmtliche Werke*, hrsg. von Franz Hoffmann [u. a.], Bd. 3, Leipzig 1852, S. 42). Joseph Priestley (1733–1804) hatte 1771 dann den Sauerstoff und 1774 das Ammoniak entdeckt. Davon angeregt, erkannte Antoine-Laurent Lavoisier (1743–94), daß die Verbrennung sowie jede Oxydation auf einer chemischen Reaktion mit Sauerstoff beruht (A.-L. L., *Traité elementaire de Chymie, presenté dans un ordre nouveau et d'apres les découvertes modernes,* 2 Bde., 1789). Damit war die Phlogistontheorie empirisch widerlegt und verschwand bald aus der wissenschaftlichen Diskussion.

49,14 **23** *Direktorium:* zur Zeit der Abfassung von *Glauben und Liebe* die aus fünf Mitgliedern bestehende Exekutive Frankreichs. Das Direktorium folgte durch Verfassungsänderung 1795 auf den seit 1793 amtierenden Wohlfahrtsausschuß und wurde 1799 von Napoleon Bonaparte gestürzt.

49,14 f. **23** *Munizipalitäten:* Stadtobrigkeiten.

49,15 **23** *Freiheitsbäume:* frz. *arbre de la liberté*, in den Vereinigten Staaten während des Unabhängigkeitskrieges gegen England aufgestellt (meistens Pappeln); in der Zeit der Französischen Revolution zuerst 1790 von den Jakobinern errichtet. Gekrönt waren diese Bäume mit der Jakobinermütze.

49,20 **23** *Obskuranten:* Dunkelmänner, Gegner der Aufklärung.

49,21 **23** *Frosch- und Mäusekrieg:* das pseudohomerische Tierepos βατραχομυομαχία (griech., ›Froschmäusekrieg‹), das – etwa im 3. Jh. v. Chr. entstanden – als Parodie auf die *Ilias* einen Kampf zwischen Mäusen und Fröschen schildert, daher allgemein Bezeichnung für einen lächerlichen Kampf zwischen zwei unheroischen Parteien.

50,27 f. **27** *jedes ... Skandal:* Skandal: im 18. Jh. als Neutrum gebraucht analog zu griech. τὸ σκάνδαλον.

51,3 **27** *Ethometer:* ›Sittlichkeitsmesser‹ (analoge Bildung des Novalis zu ›Eudiometer‹, vgl. Anm. zu Nr. 9, S. 44,6).

52,6 **29** *fourniert:* erwirbt.

53,10 **31** *Die Gruppe von Schadow:* Johann Gottfried Schadow (1764–1850) hatte 1797 die damalige Kronprinzessin (seit 1798 Königin) Luise von Preußen (1776–1810) und deren Schwester Friederike (1778–1841) in Marmor dargestellt. Die Gruppe stand im Berliner Schloß und befindet sich heute in der Nationalgalerie Berlin, DDR.

54,4 **36** *seit Friedrich Wilhelm des Ersten Tode:* Friedrich Wilhelm I. (1688–1740), der »Soldatenkönig«, reg. ab 1713; sein Nachfolger wurde Friedrich II., der Große (1712–86).

55,9 **36** *Imbezillität:* (med.) mittelgradiger angeborener Schwachsinn.

57,26 **38** *inspissierten:* verdichteten, konzentrierten.

58,14 **40** *Transsubstantiation:* in der Abendmahlslehre der römisch-katholischen Kirche die als Dogma (seit 1215) gültige Auffassung, wonach sich während des Abendmahls infolge der Weihe des zelebrierenden Priesters Brot und Wein ihrer Substanz, d. h. ihrem Wesen nach, in Fleisch und Blut Christi verwandeln, während das Akzidentelle, die äußere Gestalt, erhalten bleibt. – Novalis' Begriff der Transsubstantiation ist jedoch nicht dogmatisch, sondern mystisch und wird von ihm auf die mystische Liebe bezogen (vgl. die *Teplitzer Fragmente*: »Ist die Umarmung nicht etwas dem Abendmahl Aehnliches«, HKA II,596, sowie das Gedicht *Hymne*, HKA I,166–168, von 1798, in der das Abendmahl expressis verbis mit der Liebe verglichen wird).

58,21 **42** *den ewigen Frieden:* Anspielung auf Kants Schrift *Vom ewigen Frieden* (1795).

58,29 f. **43** *Nataliens:* Natalie: Gestalt in Goethes *Wilhelm Meisters Lehrjahre* (1795–96).

Politische Aphorismen

59,26 **50** *inzitierte:* vgl. *Vermischte Bemerkungen*, Nr. 83, *Glauben und Liebe*, Nr. 21, und Anm. zu S. 27,9 und 48,14.

60,1 f. **50** *Dionysius und Krösus:* Dionysius II. von Syrakus (396–337 v. Chr.), der, nachdem er als Nachfolger seines Vaters Dionysius I. im Jahre 367 v. Chr. den Thron bestiegen hatte, seine Herrschaft in ausschweifendem Genußleben und brutaler Gewaltanwendung ausübte, wurde 357 von seinem Onkel Dion gestürzt. Nachdem er die Herrschaft zurückgewonnen hatte, wurde er 344 von Timoleon aus Korinth besiegt und mußte sein weiteres Leben mit dem Erteilen von Unterricht in Korinth zubringen. – Krösus, der märchenhaft reiche König von Lydien (reg. 560–546), hatte nach Herodots in diesem Fall unhistorischem Bericht infolge eines fehlgedeuteten Delphischen Orakelspruches das Perserreich unter Kyros angegriffen, wurde jedoch geschlagen, nach der Schlacht von Sardes (547) gefangengenommen und zum Tode durch Verbrennen auf dem Scheiterhaufen verurteilt. Als der Holzstoß in Brand gesetzt wurde, rief er dreimal »O Solon«, in Erinnerung an dessen Ausspruch »Niemand ist vor seinem Tod glücklich zu preisen«, worauf Kyros, als ihm der Sinn des Ausrufs erläutert worden war, den Krösus begnadigte, zum Begleiter und Ratgeber ernannte und stets als Freund behandelte.

60,5 f. **50** *dem echten Zyniker:* Die Philosophenschule der Kyniker wurde von dem Sokrates-Schüler Antisthenes um 400 v. Chr. begründet. Die Kyniker lehrten als Endzweck des Menschen die Erreichung der Tugend. In der völligen Bedürfnislosigkeit sahen sie den richtigen Weg zu diesem Ziel und richteten danach ihren eigenen Lebenswandel ein. Friedrich Schlegel deutete – abweichend vom heutigen Gebrauch – den Begriff des Zynismus positiv: »Wenn das Wesen des Zynismus darin besteht, der Natur vor der Kunst, der Tugend vor der Schönheit und Wissenschaft den Vorzug zu geben; unbekümmert um den Buchstaben, auf den der Stoiker streng achtet, nur auf den Geist zu sehen, allen ökonomischen Wert und politischen Glanz unbedingt zu verachten, und die Rechte der selbständigen Willkür tapfer zu behaupten: so dürfte der Christianismus wohl nichts anderes sein, als universeller Zynismus« (F. S., *Athenaeum*, Fragment 16, in: *Kritische Ausgabe*, hrsg. von Hans Eichner, Bd. 2, München [u. a.] 1967, S. 167).

61,13 **59** *Fluidum deferens:* in der damaligen Physik ein die Elektrizität leitender Stoff; hier im übertragenen Sinne gebraucht.

62,4 65 *Solon und Lykurg:* Solon (um 639–559 v. Chr.), Gesetzgeber der Athener. – Lykurg: Gesetzgeber der Spartaner, der angeblich – je nach Quelle – um 850 oder 804 v. Chr. seine Reformen eingeführt haben soll; jedoch wird seine tatsächliche Existenz bezweifelt.

Die Christenheit oder Europa

67,31 f. *der eigentlichen vaterländischen Welt:* des Himmels. Die neutestamentliche Anschauung von einem himmlischen Vaterland (z. B. Hebr. 11,16) wurde vor allem über den Pietismus verbreitet (vgl. Albert Langen, *Der Wortschatz des deutschen Pietismus*, 2., erg. Aufl., Tübingen 1968, S. 139). Das Motiv der himmlischen Heimat hat eine zentrale Bedeutung in Novalis' Werk: so in *Heinrich von Ofterdingen* und in zahlreichen Gedichten, vgl. vor allem *Der Fremdling*, die *Geistlichen Lieder* und *An Tieck*, worin Novalis sein Böhme-Erlebnis gestaltet.

68,4 f. *der heiligen, wunderschönen Frau der Christenheit:* der Mutter Gottes. Die Umschreibung weist – ebenso wie S. 68,7 f. die Bezeichnung »längst verstorbene himmlische Menschen« für die Heiligen der damals noch wirklich ›katholischen‹ Kirche – auf den symbolhaften Charakter dieser Vorbildgestalten in Novalis' Geschichtsbetrachtung hin.

68,25 f. *Locken oder Schriftzüge ihrer verstorbenen Geliebten:* eine Assoziation zu Novalis' eigenem Erleben in der Zeit seiner Trauer um Sophie von Kühn: »[. . .] dann gieng ich in die liebe Bilderkammer – schloß den Schranck auf – *besah die Sachen meiner S*[ophie] las meine Briefe und ihren Briefvorrath überhaupt – Nachher war ich ganz bey ihr« (HKA IV,36 f.). Vgl. auch seine Überlegung in den *Vermischten Bemerkungen* (Nr. 33), wie man mit den Verstorbenen in Gemeinschaft bleiben könne.

69,8 *des heiligen Sinns:* Gemeint ist: das religiös-moralische Organ des Menschen, durch das er Zugang und Verbindung mit der transzendenten Welt erlangt. Die historischen Erscheinungsformen dieses Organs bilden den Gegenstand der geschichtsphilosophischen Analyse der vorliegenden Rede. Die wichtigste Anregung zum Begriff des »heiligen Sinns« gab Hemsterhuis mit seiner Lehre vom »moralischen Sinn«. Vgl. dazu Mähl (1965) S. 377.

69,9 f. *wehrte er den kühnen Denkern:* Die Päpste, vor allem Paul V. (reg. 1605–21) und Urban VIII. (reg. 1623–44), griffen in ihrem Kampf gegen die Theorie des heliozentrischen Weltbildes vor allem den zuletzt in Florenz lehrenden Galileo Galilei (1564–1642) an, dessen Forschungen endgültig das für die Kirche aufgrund der biblischen Aussagen – und der Auffassung, daß diese wortgetreu göttlich inspiriert seien – unantastbare ptolemäische geozentrische Weltbild widerlegten. 1616 wurde auch die Lehre des Nikolaus Kopernikus (1473–1543) verboten, die dieser aber erst in seinem Todesjahr hatte veröffentlichen lassen. 1633 wurde Galilei zum Widerruf gezwungen. Gegen den ebenfalls in diese Richtung forschenden Johannes Kepler (1571–1630) war die Kirche machtlos, da er – obwohl Protestant – Hofastronom des Kaisers Rudolf in Prag war.

69,20 f. *das zerstörte Jerusalem:* Jerusalem wurde 70 n. Chr. auf Befehl des römischen Feldherrn und späteren Kaisers Titus (39–81) zerstört, die Mauern des Tempels geschleift. An dieses Ereignis knüpft sich die Hoffnung der jüdischen Apokalyptik auf ein »neues Jerusalem«, den Ort der Sammlung des zerstreuten Judentums; auch im Christentum wird die Wiederkunft Christi und das Jüngste Gericht in Jerusalem erwartet. Novalis nimmt das Motiv in der visionären Verkündigung des Schlußabschnittes wieder auf (s. S. 89).

70,29 *Glauben und Liebe:* vgl. Anm. zu S. 42 [Titel].

71,4–6 *Überdem haben ... nicht wesentlich?:* Mit dieser Frage leitet Novalis die Schilderung der friedeerfüllten »echt christlichen Zeiten« über in die Darstellung der Zeit des Nutzens, die eine Verkümmerung des religiösen Sinns, Mühsal und Zwietracht bringt. – *Oszillation*, das meint den »Wechsel entgegengesetzter Bewegungen«, beschreibt das Werde- und Deutungsprinzip der »Zeiten und Perioden« vom Mittelalter bis zur Gegenwart des Novalis.

71,21 *Unendliche Trägheit:* Novalis diagnostiziert den moralischen und geistigen Verfall der kirchlichen Autorität, die aufgrund ihrer Schwäche dem Erstarken der gegenreligiösen Kräfte nicht habe wehren können. Ähnliche Anschauungen vertrat Karl Wilhelm Funck in seiner Biographie *Geschichte Kaiser Friedrichs des Zweiten* (1792), die Novalis für seinen Roman *Heinrich von Ofterdingen* studierte.

71,35 f. *Insurrektion:* Aufstand, Volkserhebung.

72,3 f. *die Abschaffung der Priester-Ehe:* Zunächst bildete sich schon im 3. Jh. ein Gewohnheitsrecht, wonach Bischöfe, Presbyter und Diakone nach der Ordination keine Ehe mehr eingingen. Das allgemeine Verbot der Priesterehe wurde von Papst

Gregor VII. auf der Fastensynode von 1074 erlassen. Allerdings dauerte es auch dann noch Jahrhunderte, bis das Zölibat einschließlich des Keuschheitsgebots durchgesetzt war; insofern hat Novalis faktisch recht, wenn er die endgültige Abschaffung der Priesterehe so spät ansetzt.

72,8–11 *ein feuerfangender Kopf ... Zunft-Genosse war:* Martin Luther (1483–1546), zunächst Mönch im Orden der Augustinereremiten und als solcher Theologieprofessor in Wittenberg.

72,31 f. *Die Errichtung der Konsistorien:* In den Ländern, die sich der Reformation angeschlossen hatten, wurden seit 1542 landesfürstliche Konsistorien bestellt. Ihnen oblagen nach und nach nicht nur die kirchliche Gerichtsbarkeit und die Aufsicht über Klerus und Literatur, sondern auch die Verwaltung des Kirchenvermögens. Der Landesherr behielt sich normalerweise mindestens das Recht der Amtseinsetzung, auch von Geistlichen, vor.

73,12 f. *Der Religionsfriede:* Gemeint ist der Augsburger Religions- und Landfriede vom 25. Sept. 1555. Kernpunkte dieser Übereinkunft waren die Gleichberechtigung der Augsburger Konfession (Confessio Augustana) mit dem katholischen Bekenntnis und das Bestreben nach konfessioneller Geschlossenheit der deutschen Territorien. Die proklamierte ›Religionsfreiheit‹ gewährte dem Landesherrn die Freiheit, sich für eines der beiden Bekenntnisse zu entscheiden. Für die Untertanen war die fürstliche Glaubensentscheidung zwingend nachzuvollziehen (»cuius regio, eius religio«). Novalis bezieht seine Kritik auf diesen Punkt, wenn er bemerkt, »daß die Religion irreligiöser Weise in Staats-Grenzen« eingeschlossen worden sei.

73,31 *Irritabilität:* Reizbarkeit, als Begriff aus der Erregungstheorie (vgl. Anm. zu *Vermischte Bemerkungen*, Nr. 83, S. 27,9), das Maß der Fähigkeit des Organismus, auf Reize zu reagieren.

74,3 f. *der rohe, abstrakte Entwurf:* Novalis fand diese Betrachtungsweise der Bibel bei Lessing, insbesondere in der Schrift *Die Erziehung des Menschengeschlechts*, auf die S. 89,1–4 direkt angespielt wird.

74,17 *Zinzendorf:* Nikolaus Ludwig Graf von Z. (1700–60), Stifter der Herrnhuter Brüdergemeinde.
Böhme: Jakob B. (1575–1624), von Beruf Schuster, Begründer der Theosophie, einer pantheistisch orientierten Verbindung von Naturphilosophie und Mystik. Zur Bedeutung Böhmes für Novalis vgl. Paschek (1976).

74,19 *Atonie:* Erschlaffung der Muskeln, Zustand der Entspannung.

75,8 f. *ein neu entstandener Orden:* der Jesuitenorden (lat. *Societas Iesu*), 1534 gegründet durch Ignatius von Loyola in Paris, 1540 durch Rom bestätigt. Der Orden fand seit den sechziger Jahren des 16. Jh.s verbreitet Anerkennung; er war bewußt zur Mission gegründet worden: ihm fehlte die Verpflichtung zur örtlichen Gebundenheit (*stabilitas loci*) der traditionellen Orden ebenso wie eine Ordenstracht. Novalis' Hochschätzung der Jesuiten erklärt Malsch (1965) S. 54 f.: »In der Epoche des ›heimlichen Mündigwerdens‹ von Europa repräsentiert der Orden am realsten Europas kosmopolitische Möglichkeit.« Die Felder der von Novalis besonders hervorgehobenen Missionstätigkeit lagen im 16./17. Jh. in Japan, Indien (Franz Xaver, 1506–52), China (Matthäus Ricci, 1552–1610), Afrika und Südamerika. In Europa waren die Jesuiten berühmt für ihre hervorragenden Schulen, aufgeteilt in Studia inferiora (Gymnasien) und Studia superiora (Universitäten für Philosophie und Theologie). Privat wirkten sie gelegentlich als Prinzenerzieher, vor allem zur Zeit der Gegenreformation. Der Orden wurde 1773 aufgehoben und erst 1814 wieder zugelassen. Daher sagt Novalis: »Jetzt schläft er, dieser furchtbare Orden [. . .].« Die Anfeindungen, denen die Jesuiten unter anderem die vorübergehende Aufhebung des Ordens verdankten, waren auch in ihrem Ruf begründet, geheime Riten zu haben. Daher hält Novalis sie für die »Mutter der sogenannten geheimen Gesellschaften«, d. h. für das Vorbild von Vereinigungen wie Freimaurer und Rosenkreuzer.

77,2 f. *Die guten Köpfe aller Nationen waren heimlich mündig geworden:* Novalis spricht von der Aufklärungsbewegung. Vgl. Kants Definition zu Beginn seines Aufsatzes *Beantwortung der Frage: Was ist Aufklärung?* (1784): »Aufklärung ist der Ausgang des Menschen aus seiner selbstverschuldeten Unmündigkeit.« (Kant, *Gesammelte Schriften* [Akademie-Ausg.], Bd. 8, 1912, S. 35.).

77,34 *Perpetuum mobile:* ein Apparat, der ohne Arbeit Energie erzeugen soll; seit dem 13. Jh. von Erfindern zu konstruieren versucht.

78,5 *Mystagogen:* in der Antike jene Priester, die in die Mysterien einführten; hier auf die Propagandisten der Aufklärung gemünzt.

78,5–7 *Frankreich war . . . Glaubens zu werden:* In Frankreich begann mit der Philosophie des Rationalismus (René Descartes, 1596–1650) die nicht-theologische bzw. im 18. Jh. die anti-religiöse Ausrichtung der Philosophie. Die eigentliche Aufklärung setzte ein mit Pierre Bayle (1647–1706), der zuerst die Toleranz auch gegenüber Atheisten proklamierte und für die Trennung von Staat und Kirche eintrat (*Dictionnaire historique et critique*, 2 Bde., Rotterdam 1695–97). Montesquieu (Charles de Secondat Baron de Brede et M., 1689–1755) schuf dazu, beeinflußt von John Locke (*Two Treatises of Government*, 1690), den Entwurf zu einer aufgeklärten Staatstheorie und forderte die Gewaltenteilung (*Esprit des lois*, 1748), während Voltaire vor allem in Historien und Dichtungen die Fragen der Toleranz und Religionskritik behandelte (*Lettres philosophiques sur les Anglais*, 1734; *Candide*, 1759). Beide kritisierten scharf den Absolutismus in Staat und Kirche. Mit ihnen befreundet war der englische Philosoph David Hume (1711–76), der etwa seit 1750 hervortrat. Aus der Entwicklung des von Locke begründeten, den Rationalismus bekämpfenden Empirismus erstreckten seine Forschungen sich auf ethisches, religionsphilosophisches und nationalökonomisches Gebiet. Mit seiner Lehre von »moral sense«, einem angenommenen ursprünglichen sittlichen Gefühl, wirkte er u. a. stark auf Lessing ein.

78,20–24 *Das Licht ... mit Farben gespielt hätte:* Anspielung auf den englischen Physiker Sir Isaac Newton (1642–1726), der nachgewiesen hatte, daß die Spektralfarben aus dem weißen Licht durch Brechung entstehen und umgekehrt die Farbe weiß aus der Mischung derselben.

78,26 f. *man reformierte das Erziehungswesen:* Nach Anfängen im 17. Jh. (Gotha 1642) wurde im 18. Jh. in allen deutschen Ländern die Schulpflicht eingeführt. Aus der Verbindung der Aufklärungsphilosophie von Christian Wolff, dem führenden Vertreter des vorkantischen Rationalismus in Deutschland, und der in den Augen vieler Aufklärer entscheidenden Rolle der Kindererziehung (Rousseau) ging der »Philanthropismus« hervor, dessen Hauptvertreter Johann Bernhard Basedow (1723–90) war. Die im Sinne dieser Lehre wirkenden Erziehungsanstalten (Philanthropins) vermittelten eine von vernunftorientierten Methoden bestimmte, den Lehrstoff nach Zweckmäßigkeit aussuchende, vor allem auf die Bildung der Persönlichkeit und der körperlichen Fähigkeiten gerichtete Erziehung.

78,33 f. *Gott ... müßigen Zuschauer:* Die von vielen Aufklärern vertretene Religionsauffassung des Deismus leugnete Gott als Schöpfer zwar nicht, sprach ihm aber jeglichen Einfluß für die Zeit nach dem Schöpfungsakt ab. (›Uhrwerk-Theorie‹: Gott hat die Welt aufgezogen, und jetzt läuft sie ab.)

79,1 f. *das gemeine Volk wurde recht mit Vorliebe aufgeklärt:* Novalis denkt hier vor allem an die »Popularphilosophie« der Berliner Aufklärung, die einen nüchternen Deismus mit starker Betonung der Ethik lehrte. Hauptvertreter waren Friedrich Nicolai (1733–1811) und sein Freund Moses Mendelssohn (1729–86).

80,10 f. *Der Geist Gottes schwebt über den Wassern:* Novalis verwendet das Bild, das in der Schöpfungsgeschichte (1. Mose 1,2) der Erschaffung der belebten Welt vorausgeht.

80,27–30 *An die Geschichte ... Zauberstab der Analogie gebrauchen:* Schiller sagt in seiner Jenaer Antrittsvorlesung *Was ist und zu welchem Ende studiert man Universalgeschichte?* (1789): »Die Methode, nach der Analogie zu schließen, ist, wie überall so auch in der Geschichte ein mächtiges Hülfsmittel« (Schiller, *Werke*, Nationalausg., Bd. 17, hrsg. von Karl-Heinz Hahn, Weimar 1970, S. 373). Die Analogie hat für Novalis als Denk- und Seinsprinzip nicht nur Bedeutung für die geschichtliche Erkenntnis, sondern auch für die Erkenntnis von Natur, Geist und Leben. Sie ermöglicht das In-Beziehung-Setzen alles scheinbar Beziehungslosen (vgl. die Arbeit von Dscheng Tsche-feng, 1935).

81,24 *eisernen Maske:* Umschreibung für den geheimnisvollen Staatsgefangenen Ludwigs XIV. in der Bastille, über dessen Identität im Schrifttum der Zeit die unterschiedlichsten Hypothesen aufgestellt wurden. Voltaire berichtet in *Siècle de Louis XIV* (1751), daß der Gefangene als Bruder des Königs angesehen wurde; der Chevalier Mouhy vertrat in seinem Roman *L'Homme en masque de fer* (1746) die Meinung, daß der Gefangene ein natürlicher Sohn Ludwigs XIV. und der Louise Lavallière gewesen sei.

Robespierre: Maximilien de R. (1758–1794), ließ im Mai 1794 das Dasein Gottes für das französische Volk zum Gesetz erheben. Am 8. Juni 1794 wurde das Fest des Höchsten Wesens in Paris gefeiert, wobei nach der Rede R.s eine Figurengruppe verbrannt wurde, die den Egoismus, die Zwietracht, den Atheismus und den Ehrgeiz darstellte.

81,26 f. *Theophilanthropie:* ›Gottmenschenfreundlichkeit‹; die Theophilanthropen waren eine deistische Religionsgemeinschaft, die zum Erhalt der Religion 1796 in Paris gegründet wurde. Die Gemeinschaft löste sich bereits 1802 wieder auf, nachdem Napoleon die Ausübung des Kultus verboten hatte.

81,29 *die Näherung ans Morgenland:* eventuell Anspielung auf Napoleons Ägyptenfeldzug (1798), der das Osmanische Reich für kurze Zeit zum Verbündeten der gegen Frankreich Alliierten machte.

82,1–3 *Deutschland geht ... voraus:* Die Auffassung, daß den Deutschen eine führende Rolle hinsichtlich der geistigen Erneuerung der Menschheit zukommen werde, äußert Novalis mehrfach in seinem Werk, besonders dezidiert in *Vermischte Bemerkungen*, Nr. 60, 63, 66, 121.

82,28 f. *Schlangen, die seine Wiege umschlingen:* Anspielung auf Herakles, den Sohn von Zeus und Alkmene, der als Säugling in der Wiege zwei Schlangen erwürgte, die von Hera geschickt worden waren, um ihn zu töten.

83,8 *unter zahllosen Gestalten:* Novalis' Auffassung, daß alles Irdische zur Erscheinungsform des Göttlichen werden könne, gründet in seiner Lehre vom Mittlertum (vgl. die ausführliche Darstellung dieser Theorie in *Vermischte Bemerkungen*, Nr. 73, des weiteren den Begriff der »Transsubstantiation«, s. *Glauben und Liebe*, Nr. 40, und die Anm. zu S. 58,14). Die poetische Fassung dieser mystischen Abendmahlsanschauung enthalten die *Hymnen an die Nacht*, die *Abendmahlshymne* und der *Heinrich von Ofterdingen*.

83,22 f. *ein geschmücktes Indien:* Am Anfang der wissenschaftlichen Erforschung der indischen Sprache und Geisteswelt, die ab 1818 vor allem von August Wilhelm Schlegel als Professor für Sanskrit an der Universität in Bonn zu internationaler Geltung gebracht wurde, stand das poetische Indienbild der Romantik. Indien galt als Ursprungsland der Poesie. Bedeutsam für diese Auffassung wurde Georg Forsters auf der englischen Ausgabe beruhende Übersetzung des Dramas *Sakontala* von Kalidasa (4./5. Jh. v. Chr.), die 1791 mit einer Vorrede Herders erschien. Sophie von Kühn wurde im Grüninger Kreis »Sakontala« genannt. Vgl. auch *Geistliche Lieder* I: »Und Indien muß selbst in Norden / Um den Geliebten fröhlich blühn« (HKA I,159).

83,29 *Anachoreten:* christliche Mönche, die sich vor allem im 3.–6. Jh. als Einsiedler in die Wüste zurückzogen.

84,14 *Enzyklopädisten:* diejenigen französischen Aufklärer, vor allem Denis Diderot (1713–84) und Jean D'Alembert (1717–83), die 1751–72 in 28 Bänden (5 Suppl.-, 2 Reg.-Bde, 1780) die *Encyclopédie ou Dictionnaire raisonné des sciences, des arts et des métiers* herausgaben. Die Oberleitung des Unternehmens und die Organisation – es waren u. a. noch Jean-Jacques Rousseau (1712–78), die Schriftsteller Jean-François Marmontel (1723–99),

Friedrich Melchior Baron von Grimm (1723–1807) und Voltaire (1694–1776) beteiligt – hatte Diderot. Die *Encyclopédie* faßte das Wissen der Zeit konsequent im Geiste aufklärerischer Anschauungen zusammen, weswegen das Wort »Enzyklopädisten« gelegentlich geradezu synonym mit »Aufklärer« verwendet wird. Novalis gebraucht es in *Vermischte Bemerkungen* auch einmal im Sinne von ›Universalgebildeter‹ (Nr. 53).

84,18 *Zu einem Bruder:* Anspielung auf Friedrich Schleiermacher, dessen Schrift *Über die Religion. Reden an die Gebildeten unter ihren Verächtern* (ersch. anonym 1799) die entscheidenden Anregungen zu *Die Christenheit oder Europa* gab. Das folgende Wortspiel nimmt direkt auf Schleiermacher Bezug: »Er hat einen neuen Schleier für die Heilige gemacht [. . .].«

85,5 *Das Höchste in der Physik:* Aufschlußreich für die Deutung dessen, worin nach Novalis das »Höchste« besteht und welche Forscher und Philosophen er dabei im Auge hat, ist ein Brief an Caroline Schlegel vom 20. Januar 1799. Nachdem Novalis seine Hochschätzung für den Physiker Johann Wilhelm Ritter (1776–1810), u. a. Entdecker der ultravioletten Strahlen, für Schelling und Franz von Baader ausgesprochen hat, fährt er fort: »Das Beste in der Natur sehn indeß diese Herrn doch wohl nicht klar. Fichte wird hier noch seine Freunde beschämen – und *Hemsterhuis* ahndete diesen *heiligen* Weg zur Physik deutlich genug. Auch in Spinotza lebt schon dieser göttliche Funken des Naturverstandes. *Plotin* betrat, vielleicht durch Plato erregt, zuerst mit ächtem Geiste das Heiligthum [. . .] In manchen ältern Schriften klopft ein geheimnißvoller Pulsschlag und bezeichnet eine Berührungsstelle mit der unsichtbaren Welt – ein Lebendigwerden. Göthe soll der *Liturg* dieser Physik werden – er versteht vollkommen den Dienst im Tempel. Leibnitzens Theodicee ist immer ein herrlicher Versuch in diesem Felde gewesen. Etwas *ähnliches* wird die künftige Physik – aber freylich in einem höhern Style. Wenn man bisher in der sogenannten Physikotheologie nur statt *Bewunderung* ein ander Wort gesezt hätte!« (HKA IV,275 f.)

85,17–20 *das wunderliche Wesen . . . Grundfigur der Wissenschaften an:* Gemeint ist Fichtes Philosophie, die dieser als »Wissenschaftslehre« beschrieb und mit der er über Kant hinauszukommen versuchte (*Über den Begriff der Wissenschaftslehre* und *Grundlage der gesamten Wissenschaftslehre*, beide 1794).

85,23 *naturhistorische Klassifikation:* Im 18. Jh. erfuhr die Naturgeschichte eine Neubegründung; an die Stelle verstreuter Kenntnisse über das Mineral-, Pflanzen- und Tierreich trat die systematische Beschreibung und die klassifikatorische Ordnung der Naturreiche im Rahmen eines Systems von Einzelwissenschaften. Die Grundlagen legten für die Geologie Abraham Gottlob Werner (1750 bis 1817), Lehrer des Novalis in Freiberg, für die Paläontologie der Franzose Georges Baron von Cuvier (1769–1832), für die Botanik der Schwede Carl von Linné (1707–78), für die Zoologie Linné, Cuvier, Etienne Geoffroy-St.-Hilaire (1772–1844), für die Physiologie der Engländer William Harvey (1578–1658), der Mediziner und Dichter Albrecht von Haller (1708–77) und Johannes Peter Müller (1801–58).

86,9 *intellektuale Anschauung:* Ergiebig für die Klärung von Novalis' Verständnis dieses zentralen Begriffs bei Kant, Fichte und Schelling sind die *Fichte-Studien* (1795/96; HKA II,116–125), darüber hinaus auch das *Allgemeine Brouillon* (1798/99), insbesondere Nr. 603: »Fichtens Foderung des Zugleich Denkens, Handelns und Beobachtens ist das Ideal des Philosophirens« (HKA III,373). Novalis bezieht diese Aussage nach Hans-Joachim Mähls Hinweis (vgl. HKA III,946, Anm. zu S. 373) auf Fichtes Definition des Begriffes »intellektuale Anschauung« in der »zweiten Einleitung« in die *Wissenschaftslehre* (1798): »Sie ist das unmittelbare Bewusstseyn, dass ich handle, und was ich handle: sie ist das, wodurch ich etwas weiss, weil ich es thue. Dass es ein solches Vermögen der intellectuellen Anschauung gebe, lässt sich nicht durch Begriffe demonstrieren, noch, was es sey, aus Begriffen entwickeln. Jeder muss es unmittelbar in sich selbst finden, oder er wird es nie kennen lernen« (Fichte, *Sämmtliche Werke*, hrsg. von Immanuel H. Fichte, Bd. 1, Berlin 1845, S. 463). Vgl. *Vermischte Bemerkungen*, Nr. 17, wo Novalis Schellings Fassung der intellektualen Anschauung als unmittelbare Erfassung des Ewigen in seine Darstellung aufnimmt (vgl. auch Anm. zu S. 8,9 f.). Novalis überträgt diesen Begriff der theoretischen Philosophie auf die geschichtsphilosophische Deutung der europäischen Staatenentwicklung.

86,14 f. *aller Friede ist nur Illusion, nur Waffenstillstand:* vgl. dazu Kant, *Zum ewigen Frieden* (1795): »Wenn es Pflicht, wenn zugleich gegründete Hoffnung da ist, den Zustand eines öffentlichen Rechts, obgleich nur in einer ins Unendliche fortschreitenden Annäherung wirklich zu machen, so ist der *ewige Friede*, der auf die bisher fälschlich so genannte Friedensschlüsse (eigentlich Waffenstillstände) folgt, keine leere Idee, sondern eine Aufgabe, die [...] ihrem Ziele [...] beständig näher kommt« (Kant, *Gesammelte Schriften* [Akademie-Ausg.], Bd. 8, 1912, S. 386).

87,12 f. *nur nicht sein Herz:* Die zentrale Stellung des Begriffes »Herz« in Novalis' Poesie- und Religionsauffassung belegen sowohl die theoretischen Studien wie die Dichtungen. Vgl. *Fragmente* von 1799/1800: »Alle unsre Neigungen scheinen nichts, als angewandte Religion zu seyn. Das Herz scheint gleichsam das religioese Organ (HKA III,570, Nr. 104). Weitere Belege bieten die *Geistlichen Lieder* oder *Heinrich von Ofterdingen*, hier vor allem »Klingsohrs Märchen«. Zur Begriffsgeschichte vgl. die Arbeit von Unger (1937).

88,10 f. *das alte Papsttum liegt im Grabe:* Zur Zeit Pius' VI. (reg. 1775–98) wurde Rom von französischen Truppen besetzt und der Kirchenstaat in eine römische Republik umgewandelt, der Papst selbst gefangengenommen und am 14. Juli 1798 in die Zitadelle von Valence gebracht. Er starb dort am 29. August 1799. Die Franzosen verboten zunächst eine Neuwahl. Sein Nachfolger, Pius VII. (reg. 1800–23), wurde in Venedig unter österreichischem Schutz am 14. März 1800 gewählt und hielt, geleitet von österreichischen, englischen und türkischen Truppen, in Rom Einzug. Er schloß 1801 mit Frankreich ein Konkordat ab und nahm daraufhin den Kirchenstaat wieder in Besitz.

88,12–14 *Soll der Protestantismus ... Platz machen:* Die Vorstellung einer konfessionsfreien kirchlichen Gemeinschaft aller Gläubigen eines wahrhaften Religionsglaubens gehört zum Gedankengut der Zeit. Vgl. Kant, *Die Religion innerhalb der Grenzen der bloßen Vernunft* (1793) St. 3, Abt. 2 »Historische Vorstellung der allmählichen Gründung der Herrschaft des guten Prinzips auf Erden«: »Fragt man nun: welche Zeit der ganzen bisher bekannten Kirchengeschichte die beste sei, so trage ich kein Bedenken, zu sagen: *es ist die jetzige*, und zwar so, daß man den Keim des wahren Religionsglaubens, so wie er jetzt in der Christenheit zwar nur von einigen, aber doch öffentlich gelegt worden, nur ungehindert sich mehr und mehr darf entwickeln lassen, um davon eine continuirliche Annäherung zu derjenigen alle Menschen immer vereinigenden Kirche zu erwarten, die die sichtbare Vorstellung (das Schema) eines unsichtbaren Reiches Gottes auf Erden ausmacht« (Kant, *Gesammelte Schriften* [Akademie-Ausg.], Bd. 6, 1907, S. 131 f.). Vgl. auch Schleiermacher, *Über die Religion*, 4. Rede »Über das Gesellige in der Religion oder über Kirche und

Priestertum«, wo er von einer »universalen, wahren Kirche« spricht.

88,23 *ein[e] sichtbare Kirche:* Die Gegenüberstellung von sichtbarer und unsichtbarer Kirche führt Kant in *Die Religion innerhalb der Grenzen der bloßen Vernunft*, St. 3, Abt. 1 »Philosophische Vorstellung des Sieges des guten Prinzips unter Gründung eines Reiches Gottes auf Erden«, begrifflich explizit aus: »Ein ethisches gemeines Wesen unter der göttlichen moralischen Gesetzgebung ist eine *Kirche*, welche, so fern sie kein Gegenstand möglicher Erfahrung ist, die *unsichtbare Kirche* heißt (eine bloße Idee von der Vereinigung aller Rechtschaffenen unter der göttlichen unmittelbaren, aber moralischen Weltregierung, wie sie jeder von Menschen zu stiftenden zum Urbilde dient). Die *sichtbare* ist die wirkliche Vereinigung der Menschen zu einem Ganzen, das mit jenem Ideal zusammenstimmt« (Kant, *Gesammelte Schriften* [Akademie-Ausg.], Bd. 6, 1907, S. 101).

88,33 f. *das Wesen der Kirche wird echte Freiheit sein:* Dieser Gedanke ist von Kant in der mehrfach zitierten Religionsschrift als drittes Kennzeichen der wahren Kirche bestimmt worden: »Das Verhältniß unter dem Prinzip der *Freiheit*; sowohl das innere Verhältniß ihrer Glieder untereinander, als auch das äußere der Kirche zur politischen Macht, beides in einem *Freistaat*« (Kant, *Gesammelte Schriften* [Akademie-Ausg.], Bd. 6, 1907, S. 102).

89,1–4 *Nur Geduld ... Hauptstadt der Welt sein wird:* direkte Anspielung auf Lessings *Die Erziehung des Menschengeschlechts*, § 86: »Sie wird gewiß kommen, die Zeit eines *neuen ewigen Evangeliums*, die uns selbst in den Elementarbüchern des Neuen Bundes versprochen wird (Gotthold Ephraim Lessing, *Gesammelte Werke*, hrsg. von Paul Rilla, Bd. 8, Berlin/Weimar 1968, S. 612). In den Studienheften des Novalis ist Lessing Gegenstand der Reflexion, Novalis wollte einen 2. Teil der *Erziehung des Menschengeschlechts* schreiben (vgl. HKA III,682). Zu weiteren Anspielungen s. auch Kant, *Zum ewigen Frieden* (vgl. Anm. zu S. 86,14 f.); Röm. 8,25: »So wir aber des hoffen, das wir nicht sehen, so warten wir sein durch Geduld.«

das neue Jerusalem: vgl. Anm. zu S. 69,20 f.

Literaturhinweise

Erstdrucke

Blüthenstaub. In: Athenaeum. Ersten Bandes erstes Stück. Berlin: Vieweg, 1798. S. 70–106.

Vermischte Bemerkungen. Teildruck in: Athenaeum. Ersten Bandes zweytes Stück. Berlin: Vieweg, 1798. S. 77–79. – Vollständig in: Novalis: Schriften. Hrsg. von Ernst Heilborn. Bd. 2. Berlin: Reimer 1901. S. 1–34.

Blumen. In: Jahrbücher der Preußischen Monarchie unter der Regierung von Friedrich Wilhelm III. Hrsg. von F. E. Rambach. Berlin: Unger, 1798. Bd. 2 (Juni-Heft) S. 184 f.

Glauben und Liebe. In: Jahrbücher der Preußischen Monarchie [. . .]. Bd. 2 (Juli-Heft) S. 269–286.

Politische Aphorismen. In: Novalis: Schriften. Bd. 3. Hrsg. von Ludwig Tieck und Eduard von Bülow. Berlin: Reimer, 1846. S. 212–215.

Die Christenheit oder Europa. In: Novalis: Schriften. Bd. 1. Hrsg. von Friedrich Schlegel und Ludwig Tieck. 4. Aufl. Berlin: Reimer, 1826. S. 187–208.

Werkausgaben

Novalis: Schriften. Hrsg. von Friedrich Schlegel und Ludwig Tieck. Bd. 1. 2. Berlin: Reimer, 1802. [²1805. ³1815. ⁴1826. ⁵1837.] Bd. 3. Hrsg. von Ludwig Tieck und Eduard von Bülow. Berlin: Reimer, 1846.

Novalis: Schriften. Krit. Neuausg. auf Grund des handschriftlichen Nachlasses. Hrsg. von Ernst Heilborn. 3 Bde. Berlin: Reimer, 1901.

Novalis: Schriften. Hrsg. von Jakob Minor. 4 Bde. Jena: Diederichs, 1907. [²1923.]

Novalis: Sämtliche Werke. Hrsg. von Ernst Kamnitzer. 4 Bde. München/Berlin: Paetel, 1923–24.

Novalis: Fragmente. Erste vollständige, geordnete Ausgabe. Dresden: Jess, 1928.

Novalis: Schriften. Im Verein mit Richard Samuel hrsg. von Paul

Kluckhohn. Nach den Handschriften erg. und neugeordn. Ausg. 4 Bde. Leipzig: Bibliographisches Institut, 1929.

Novalis: Werke, Briefe, Dokumente. [Hrsg. von Ewald Wasmuth.] 3 Bde. Berlin: L. Schneider, 1943. 2. Aufl. Heidelberg: L. Schneider, 1953–57.

Novalis: Schriften. Die Werke Friedrich von Hardenbergs. Hrsg. von Paul Kluckhohn (†) und Richard Samuel unter Mitarb. von Hans-Joachim Mähl und Gerhard Schulz. 2., nach den Hss. erg., verb. und erw. Aufl. Stuttgart: Kohlhammer, 1960–75. [Zit. als: HKA.]
Bd. 1: Das dichterische Werk. 1960. 3., verb. Aufl. 1977.
Bd. 2: Das philosophische Werk I. 1965. 3., verb. Aufl. 1981.
Bd. 3: Das philosophische Werk II. 1968.
Bd. 4: Tagebücher, Briefe und Lebenszeugnisse. 1975.

Novalis: Werke, Tagebücher und Briefe Friedrich von Hardenbergs. Hrsg. von Hans-Joachim Mähl und Richard Samuel. 2 Bde. München: Hanser, 1978. [Bd. 3: Kommentar, ist angekündigt.]

Novalis: Werke. Hrsg. von Gerhard Schulz. 2., neubearb. Aufl. München: Beck, 1981. [¹1969.]

Novalis: Werke in einem Band. Hrsg. von Hans-Joachim Mähl und Richard Samuel. München: Hanser, 1981.

Novalis: Dokumente seines Lebens und Sterbens. Hrsg. von Hermann Hesse und Karl Isenberg. Neu einger. von Volker Michels. Frankfurt a. M.: Insel, 1976. (insel taschenbuch. 178.)

Novalis. Hrsg. von Hans-Joachim Mähl. München: Heimeran, 1976. (Dichter über ihre Dichtungen. 15.)

Forschungsliteratur

Aue, Maximilian: Novalis und Musil. Eine Untersuchung romantischer Elemente im Werk Robert Musils. Diss. Stanford (Cal., Stanford Univ.) 1974.

Berglar, Peter: Geschichte und Staat bei Novalis. In: Jahrbuch des Freien Deutschen Hochstifts (1974) S. 143–208.

Bluth, Karl Theodor: Medizingeschichtliches bei Novalis. Ein Beitrag zur Geschichte der Medizin der Romantik. Berlin 1934.

Bock, Hans Joachim: Friedrich von Hardenberg: »Oeconomie des Styls«. Die Wilhelm-Meister-Rezeption im Heinrich von Ofterdingen. Bonn 1976.

Bollnow, Otto F.: Der »Weg nach Innen« bei Novalis. In: O. F. B.: Unruhe und Geborgenheit. Stuttgart [u. a.] ³1968. S. 178–206. [Zuerst in: Geistige Gestalten und Probleme. Festschrift für Eduard Spranger. (Hrsg. von Hans Wenke.) Leipzig 1942.]
Carlsson, Anni: Die Fragmente des Novalis. Basel 1939.
Dick, Manfred: Die Entwicklung des Gedankens der Poesie in den Fragmenten des Novalis. Bonn 1967.
Dirks, Walther: Die Christenheit oder Europa. Die Vision des Novalis. In: Frankfurter Hefte 6 (1951) S. 626–637.
Dscheng Tsche-Feng: Die Analogie von Natur und Geist als Stilprinzip in Novalis Dichtung. Diss. Heidelberg 1935.
Faber, Richard: Novalis. Die Phantasie an die Macht. Stuttgart 1970.
Frank, Manfred: Die Philosophie des sogenannten »magischen Idealismus«. In: Euphorion 63 (1969) S. 88–116.
Gaier, Ulrich: Novalis' »Konstruktionslehre des schaffenden Geistes« und ihre Tradition. Tübingen 1970.
Grob, Karl: Ursprung und Utopie. Aporien des Textes. Versuche zu Herder und Novalis. Bonn 1976.
Haering, Theodor: Novalis als Philosoph. Stuttgart 1954. ²1960.
Hamburger, Käte: Novalis und die Mathematik. Eine Studie zur Erkenntnistheorie der Romantik. In: Romantik-Forschungen. Von B[etty] Heimann [u. a.]. Halle a. d. S. 1929. (Deutsche Vierteljahrsschrift für Literaturwissenschaft und Geistesgeschichte. Buchreihe. 16.)
– Philosophie der Dichter. Novalis, Schiller, Rilke. Stuttgart 1966.
Hannah, Richard W.: The Fichtean Dynamic of Novalis' Poetics. Bern 1981.
Haslinger, Josef: Die Ästhetik des Novalis. Königstein i. Ts. 1981.
Hederer, Edgar: Friedrich von Hardenbergs »Christenheit oder Europa«. Zeulenroda 1936.
Heftrich, Eckhard: Novalis. Vom Logos der Poesie. Frankfurt a. M. 1969.
Hegener, Johannes: Die Poetisierung der Wissenschaften bei Novalis. Dargestellt am Prozeß der Entwicklung von Welt und Menschheit. Studien zum Problem enzyklopädischen Welterfahrens. Bonn 1975.
Heilborn, Ernst: Novalis, der Romantiker. Berlin 1901.
Heine, Roland: Transzendentalpoesie. Studien zu Friedrich Schlegel, Novalis und E. T. A. Hoffmann. Bonn 1974.
Heinrich, Gerda: Geschichtsphilosophische Positionen der deutschen Frühromantik. Berlin 1976. [Dass.: Kronberg i. Ts. 1977.]

Heller, Erich: Novalis: ›Die Christenheit oder Europa‹. In: Merkur 35 (1981) S. 1034–44.
Hernig, C.: Hermeneutik und Kombination. Novalis und die lyrische Zeichensprache. In: Das Nachleben der Romantik in der modernen deutschen Literatur. Die Vorträge des Zweiten Kolloquiums in Amherst, Mass. Hrsg. von Wolfgang Paulsen. Heidelberg 1969. S. 53–70.
Hiebel, Friedrich: Novalis. Deutscher Dichter, europäischer Denker, christlicher Seher. 2., überarb. und stark verm. Aufl. Bern 1972.
Hippel, E[rnst] v.: Novalis und Hemsterhuis. In: E. v. H.: Künder der Humanität. Bonn 1946, S. 99–104.
Höck, Wilhelm: »Die Sprache ist Delphi«. Novalis und die romantische Erlösungsidee. In: W. H.: Zerriebene Eitelkeiten. Kritisches zu Problemen der Sprache. München 1965. S. 23–32.
Höft, Albert: Novalis als Künstler des Fragments. Ein Beitrag zur Geschichte des deutschen Aphorismus. Berlin 1935.
Hörisch, Jochen: Die fröhliche Wissenschaft der Poesie. Der Universalitätsanspruch von Dichtung in der frühromantischen Poetologie. Frankfurt a. M. 1976.
Holinski, Detlef: Poetische Religion der Liebe: Studien zur Religionsanschauung des Novalis. Diss. Bochum 1976.
Horton, Gudrun Stengel: Die Entstehung des Mittelalterbildes in der deutschen Frühromantik: Wackenroder, Tieck, Novalis und die Brüder Schlegel. Diss. Seattle (Univ. of Washington) 1973.
Ibel, Rudolf: Weltschau deutscher Dichter. Novalis, Eichendorff, Mörike, Droste-Hülshoff. Frankfurt a. M. 1958.
Imle, Fanny: Novalis. Seine philosophische Weltanschauung. Paderborn 1928.
Janz, Rolf Peter: Autonomie und soziale Funktion der Kunst. Studien zur Ästhetik von Schiller und Novalis. Stuttgart 1973.
Kapitza, Peter: Die frühromantische Theorie der Mischung. Über den Zusammenhang von romantischer Dichtungstheorie und zeitgenössischer Chemie. München 1968.
Kesting, Marianne: Aspekte des absoluten Buches bei Novalis und Mallarmé. In: Euphorion 68 (1974) S. 420–436.
Klawon, Dieter: Geschichtsphilosophische Ansätze in der Frühromantik. Diss. Frankfurt a. M. 1977.
Kluckhohn, Paul: Friedrich von Hardenbergs Entwicklung und Dichtung. Einleitung zu: Novalis: Schriften. Im Verein mit Richard Samuel hrsg. von P. K. Bd. 1. Leipzig 1929. S. 9–80; und

zu: Novalis: Schriften. Hrsg. von P. K. (†) und Richard Samuel [...]. 2. Aufl. Stuttgart 1960. S. 1–67.
Koch, Helmut: Der philosophische Stil des Novalis. Diss. Münster 1971.
Kreft, Jürgen: Die Entstehung der dialektischen Geschichtsmetaphysik aus den Gestalten des utopischen Bewußtseins bei Novalis. In: Deutsche Vierteljahrsschrift für Literaturwissenschaft und Geistesgeschichte 39 (1965) S. 213–245.
Küpper, Peter: Die Zeit als Erlebnis des Novalis. Köln/Graz 1959.
Kuhn, Hans Wolfgang: Der Apokalyptiker und die Politik. Studien zur Staatsphilosophie des Novalis. Freiburg i. B. 1961.
Kuhn, Hugo: Poetische Synthesis oder ein kritischer Versuch über romantische Philosophie und Poesie aus Novalis' Fragmenten. In: H. K.: Text und Theorie. Stuttgart 1969. S. 246–283. [Zuerst in: Zeitschrift für philosophische Forschung 5 (1950/51) S. 161–178; 358–384.]
Kurzke, Hermann: Romantik und Konservatismus. Das ›politische‹ Werk Friedrich von Hardenbergs (Novalis) im Horizont seiner Wirkungsgeschichte. München 1983.
Lee Yoo-Yung: Überlegungen zu Novalis' Poetik. In: Colloquia germanica (1975) S. 12–25.
Lindemann, Klaus: Geistlicher Stand und religiöses Mittlertum. Ein Beitrag zur Religionsauffassung der Frühromantik in Dichtung und Philosophie. Frankfurt a. M. 1971.
Link, Hannelore: Abstraktion und Poesie im Werk des Novalis. Stuttgart 1971.
Lukács, Georg: Novalis. In: Die Seele und die Formen. Berlin 1911. S. 93–117. – Dass.: Neuwied 1971. (Sammlung Luchterhand. 21.)
Mähl, Hans-Joachim: Novalis und Plotin. Untersuchungen zu einer neuen Edition und Interpretation des »Allgemeinen Brouillon«. In: Jahrbuch des Freien Deutschen Hochstifts (1963) S. 139–250.
– Novalis' Wilhelm-Meister-Studien des Jahres 1797. In: Neophilologus 47 (1963) S. 286–305.
– Die Idee des goldenen Zeitalters im Werk des Novalis. Studien zur Wesensbestimmung der frühromantischen Utopie und zu ihren geschichtlichen Voraussetzungen. Heidelberg 1965.
Mahoney, Dennis Francis: Die Poetisierung der Natur bei Novalis. Beweggründe, Gestaltung, Folgen. Bonn 1980.
Malsch, Sara Ann: The image of Martin Luther in the writings of Novalis and Friedrich Schlegel. The speculative vision of history and religion. Bern / Frankfurt a. M. / Las Vegas 1974.

Malsch, Wilfried: Europa. Poetische Rede des Novalis. Deutung der französischen Revolution und Reflexion auf die Poesie in der Geschichte. Stuttgart 1965.

Molnár, Geza Walter Elemér von: Novalis' »Fichtean studies«: The foundations of his aesthetics. Diss. Stanford (Cal., Stanford Univ.) 1966.

Neubauer, John: Stimulation Theory of Medicine in the Fragments of Friedrich von Hardenberg. Diss. Evanston (Ill., Northwestern Univ.) 1965.

– Bifocal Vision. Novalis' Philosophy of Nature and Disease. Chapel Hill (N. C.) 1971.

Nivelle, Armand: Die Auffassung der Poesie in den Fragmenten von Novalis. In: Revue des langues vivantes 15 (1949) S. 138–155.

Novalis. Beiträge zu Werk und Persönlichkeit Friedrich von Hardenbergs. Hrsg. von Gerhard Schulz. Darmstadt 1970.

Paschek, Carl: Novalis und Böhme. Zur Bedeutung der systematischen Böhmelektüre für die Dichtung des späten Novalis. In: Jahrbuch des Freien Deutschen Hochstifts (1976) S. 138–167.

Reinhardt, Heinrich: Integrale Sprachtheorie. Zur Aktualität der Sprachphilosophie von Novalis und Friedrich Schlegel. München 1976.

Ritter, Heinz: Der unbekannte Novalis. Friedrich von Hardenberg im Spiegel seiner Dichtung. Göttingen 1967.

Ruder, Klaus: Zur Symboltheorie des Novalis. Marburg 1974.

Samuel, Richard: Die poetische Staats- und Geschichtsauffassung Friedrich von Hardenbergs (Novalis). Studien zur romantischen Geschichtsphilosophie. Frankfurt a. M. 1925.

– Die Form von Friedrich von Hardenbergs Abhandlung »Die Christenheit oder Europa«. [1962.] In: R. S.: Selected Writings. Melbourne 1965. S. 41–59.

– Friedrich Schlegels »Ideen« in Dorothea Schlegels Abschrift mit Randbemerkungen von Novalis. In: Jahrbuch der Deutschen Schillergesellschaft 10 (1966) S. 67–102.

Saul, Nicholas: Novalis's ›geistige Gegenwart‹ and his essay ›Die Christenheit oder Europa‹. In: Modern Language Review 77 (1982) S. 361–377.

Schanze, Helmut: »Dualismus unserer Symphilosophie«. Zum Verhältnis Novalis – Friedrich Schlegel. In: Jahrbuch des Freien Deutschen Hochstifts 1966. Tübingen 1966. S. 309–335.

– Romantik und Aufklärung. Untersuchungen zu Friedrich Schlegel und Novalis. 2., erw. Aufl. Nürnberg 1976.

Scholz, Joachim: Blake and Novalis. A comparison of romanticism's high arguments. Frankfurt a. M. 1978.
Schröder, Dirk: Fragmentpoetologie im 18. Jahrhundert und bei Friedrich von Hardenberg. Untersuchungen zur vergleichenden Rekonstruktion der implizierten Poetologie von Aphorismus und Fragment im ausgehenden 18. Jahrhundert. Diss. Kiel 1976.
Schroers, Paul: Novalis' Blütenstaub. Schicksal einer Dichterhandschrift. In: Philobiblon 4 (1960) S. 13–20.
Schulz, Gerhard: Die Berufslaufbahn Friedrich von Hardenbergs (Novalis). In: Jahrbuch der Deutschen Schillergesellschaft 7 (1963) S. 253–312.
– Novalis in Selbstzeugnissen und Bilddokumenten. Reinbek bei Hamburg 1969. (rowohlts monographien. 154.)
Sommer, Wolfgang: Schleiermacher und Novalis. Die Christologie des jungen Schleiermacher und ihre Beziehung zum Christusbild des Novalis. Bern / Frankfurt a. M. / Las Vegas 1973.
Steinhäuser-Carvill, Barbara: »Die Christenheit oder Europa«. – Eine Predigt. In: Seminar 12 (1976) H. 2. S. 73–88.
Stieghahn, Joachim: Magisches Denken in den Fragmenten Friedrichs von Hardenberg (Novalis). Berlin 1962.
Timm, Hermann: Die heilige Revolution. Das religiöse Totalitätskonzept der Frühromantik. Schleiermacher – Novalis – Friedrich Schlegel. Frankfurt a. M. 1978.
Träger, Claus: Novalis und die ideologische Restauration. Über den romantischen Ursprung einer methodischen Apologetik. In: Sinn und Form 13 (1961) S. 618–660.
– Ideen der französischen Aufklärung in der deutschen Romantik. In: Weimarer Beiträge 14 (1968) H. 1. S. 175–186.
Unger, Rudolf: Das Wort »Herz« und seine Begriffssphäre bei Novalis. Umrisse einer Bedeutungsentwicklung. In: R. U.: Gesammelte Studien. Darmstadt 1966. Bd. 3. S. 255–267. [Zuerst in: Nachrichten der Gesellschaft der Wissenschaften zu Göttingen. Phil.-Hist. Kl. Bd. 2 (1937) S. 88–98.]
Volkmann-Schluck, Karl-Heinz: Novalis magischer Idealismus. In: Die deutsche Romantik. Poetik, Formen und Motive. Hrsg. von Hans Steffen. Göttingen 1967. S. 45–53. (Kleine Vandenhoeck-Reihe. 250.)
Vonessen, Renate: Natur und Entfremdung. Der Eigentumsbegriff bei Novalis im Anschluß an das »Blüthenstaub«-Fragment Nr. 13. Diss. Freiburg i. B. 1974.
Wasmuth, Ewald: Nach Innen geht der geheimnisvolle Weg. Ein

Versuch zur Poetik von Novalis. In: Die Neue Rundschau 69 (1958) S. 718–734.
Weier, Winfried: Die Verwandlung der idealistischen Abstraktion in Emotion bei Novalis. In: Etudes germaniques 23 (1968) S. 548–573.
Wessell, Leonhard P.: Novalis' revolutionary religion of death. In: Studies in romanticism 14 (1975) S. 425–452.
Wilkinson, Sara Ann: The Image of Martin Luther in the writings of Novalis and Friedrich Schlegel. Diss. Seattle (Univ. of Washington) 1971.

Zeittafel zu Leben und Werk Friedrich von Hardenbergs

1772 2. Mai: Geburt Georg Philipp Friedrich von Hardenbergs auf dem Familiengut Oberwiederstedt bei Mansfeld.
Eltern: Heinrich Ulrich Erasmus von Hardenberg (1738 bis 1814) und Auguste Bernhardine, geb. von Bölzig (1749 bis 1818).
Geschwister: Caroline (1771–1801), Erasmus (1774–97), Carl (1776–1813), Sidonie (1779–1801), Anton (1781–1825), Auguste (1783–1804), Bernhard (1787–1800), Peter Wilhelm (1791 bis 1811), Amalie (1793–1814), Hans Christoph (1794 bis 1816).

1780 Nach einer schweren Erkrankung rasche geistige Entwicklung.

1783 Wegen Erkrankung der Mutter für einige Monate auf Schloß Lucklum, wo der Bruder seines Vaters Landkomtur des Deutschritterordens ist.

1785 Als der Vater Direktor der kursächsischen Salinen Dürrenberg, Kösen und Artern wird, übersiedelt die Familie nach Weißenfels; erste Ausbildung bei Hofmeistern und in der Lateinschule.

1790 Besuch des Gymnasiums in Eisleben.

1788–90 Umfangreiches literarisches Jugendwerk.

1790 23. Oktober: Immatrikulation an der Universität Jena zum Jurastudium.

1791 Ausweitung des Studienprogramms, philosophische und historische Vorlesungen bei Karl Leonhard Reinhold und Friedrich Schiller. Enge persönliche Beziehung zu Schiller.
April: Das Gedicht *Klagen eines Jünglings* erscheint als erste Veröffentlichung in Wielands »Neuem Teutschen Merkur«.
24. Oktober: Immatrikulation an der Universität Leipzig.

1792 Januar: Erste Begegnung mit Friedrich Schlegel in Leipzig.

1793 27. Mai: Immatrikulation an der Universität Wittenberg.

1794 14. Juni: Ablegung des juristischen Staatsexamens in Wittenberg.
August bis Oktober: Ferien in Weißenfels.
25. Oktober: Umzug nach Tennstedt, in das Haus des Kreisamtmanns Just.

8. November: Dienstantritt als Aktuarius beim Kreisamt Tennstedt.
17. November: Erste Begegnung mit Sophie von Kühn (1782–97) in Grüningen bei Tennstedt; im März des nächsten Jahres wird die Verlobung abgesprochen.

1795 Sommer: Erste Begegnung mit Fichte und – wohl das einzige Mal – mit Hölderlin in Jena.
Beginn umfassender philosophischer Studien, besonders von Fichtes »Wissenschaftslehre«.
November: Sophie von Kühn erkrankt schwer.
30. Dezember: Ernennung zum Akzessisten bei der Salinendirektion in Weißenfels.

1796 Februar: Beginn der Tätigkeit in Weißenfels.
Seit Juli: Der Gesundheitszustand Sophies verschlechtert sich, mehrere Operationen bringen keine Erleichterung.

1797 1.–10. März: Letzter Besuch bei der todkranken Sophie in Grüningen.
19. März: Sophie stirbt.
12. April – 31. Mai: Aufenthalt in Tennstedt, um dem Grab nahe zu sein. Beständiges Erwägen des »Entschlusses«, der Geliebten nachzusterben.
Sommer: Beginn der kritischen Auseinandersetzung mit Goethes »Wilhelm Meisters Lehrjahre«. Erste Begegnung mit August Wilhelm und Caroline Schlegel in Jena. Lektüre von Schellings »Ideen zu einer Philosophie der Natur«.
September: Wiederaufnahme der Arbeit in der Salinenverwaltung. Entschluß, an der Bergakademie Freiberg das Studium aufzunehmen.
Oktober–November: Lektüre der Werke von Frans Hemsterhuis. Neukonzeption der privaten Aufzeichnungen: romantische »Fragmente«, »Sämereien« entstehen über Themen der Philosophie, Religion, Politik und Physik.
Dezember: Erste Begegnung mit Schelling in Leipzig auf der Reise nach Freiberg. Beginn des Studiums an der Bergakademie.
Dezember–Januar: Niederschrift der *Vermischten Bemerkungen.*

1798 22. Januar: Erscheint im Haus des Berghauptmanns v. Charpentier mit einem Gedicht, in dem er erklärt: »Der müde Fremdling ist verschwunden . . .«

24. Februar: Absendung der Reinschrift der *Vermischten Bemerkungen* an August Wilhelm Schlegel zur Veröffentlichung im »Athenaeum« mit der Bitte »um die Unterschrift Novalis«; Publikation der von Friedrich Schlegel redigierten Sammlung im April im ersten Heft des »Athenaeum« unter dem Titel *Blütenstaub*.
Frühjahr: Wiederaufnahme poetischer Arbeiten mit dem ersten Kapitel der *Lehrlinge zu Sais*.
29. März: Erste Begegnung mit Goethe in Weimar, in Begleitung August Wilhelm Schlegels.
Mai: Entstehung der Aufzeichnungen *Blumen* und *Glauben und Liebe*; Publikation im Juni/Juli in den »Jahrbüchern der Preußischen Monarchie«.
Juni–Juli: Beginn intensiver naturwissenschaftlicher Studien. Engere Beziehungen zu Abraham Gottlob Werner.
Juli–August: Kur in Teplitz. Vermutlich bricht schon jetzt die Tuberkulose aus. »Meditationen«: Die ›Teplitzer Fragmente‹.
25.–26. August: Treffen mit den Schlegels und mit Schelling in Dresden, Besuch der Gemäldegalerie und Antikensammlung.
September: Auseinandersetzung mit Schellings »Von der Weltseele« und anderen philosophischen Schriften, erneut auch mit Goethe. Beginn der Aufzeichnungen des *Allgemeinen Brouillons*.
Oktober: Erste Begegnung mit Jean Paul in Leipzig.
Dezember: Verlobung mit Julie von Charpentier (1776–1811).

1799 Mai: Nach Abschluß des Studiums in Freiberg Rückkehr nach Weißenfels, zunächst als Protokollant des Finanzrates v. Oppel, der eine feste Anstellung in der Salinenverwaltung vermitteln soll.
Juli: Erste Begegnung mit Tieck in Jena; in Begleitung Tiecks Besuche bei Herder und Goethe in Weimar. Die ersten *Geistlichen Lieder* entstehen.
September–Oktober: Lektüre von Schleiermachers Schrift »Über die Religion«.
Oktober–November: Niederschrift von *Die Christenheit oder Europa*.
11.–14. November: ›Romantikertreffen‹ in Jena mit Tieck und seiner Frau, August Wilhelm und Caroline Schlegel, Friedrich Schlegel und Dorothea Veit sowie Schelling und Johann Wilhelm Ritter.

November: Der Roman *Heinrich von Ofterdingen* wird konzipiert.

7. Dezember: Ernennung zum Salinenassessor in Weißenfels.

1800 Januar: Die handschriftliche Fassung der *Hymnen an die Nacht* liegt vor; Publikation der revidierten Fassung im Augustheft des »Athenaeum«.

Februar–März: Lektüre der Werke von Jakob Böhme.

5. April: Briefe an Tieck und Friedrich Schlegel melden den Abschluß der Arbeit am ersten Teil des *Heinrich von Ofterdingen*.

10. April: Bewerbung um die Stelle eines Amtshauptmanns im Thüringischen Kreis.

28. April: Abschluß eines Berichts über die Braunkohlenlager im Bereich der sächsischen Salinen.

1.–18. Juni: Wanderung von Zeitz nach Leipzig als Teil einer großen geologischen Untersuchung Sachsens; ein Abschlußbericht entsteht nicht mehr.

Juli: Tagebucheintragungen über »körperliche Unruhe«. In den folgenden Monaten entstehen die Skizzen für den zweiten Teil des *Ofterdingen*, darunter mehrere Gedichte, sowie naturwissenschaftliche, medizinische und religiöse Studien.

28. September: Absendung der Probeschrift als Teil der Bewerbung für die Stelle eines Amtshauptmanns.

Oktober: Letzte Aufzeichnungen. Der Gesundheitszustand verschlechtert sich. Reise u. a. nach Meißen und Dresden zur Konsultation weiterer Ärzte.

6. Dezember: Ernennung zum »Supernumerar-Amtshauptmann« im Thüringischen Kreis.

1801 1. Januar: Brief an Tieck, »eine langwierige Krankheit« habe ihn »völlig außer Tätigkeit gesetzt«; Julie von Charpentier und sein Bruder Carl pflegen ihn in Dresden.

24. Januar: Nach der Rückkehr nach Weißenfels zunehmender Verfall; trotzdem – wie Friedrich Schlegel berichtet – Neukonzeption des zweiten Teils des *Ofterdingen*.

25. März: Tod Friedrich von Hardenbergs in Anwesenheit Friedrich Schlegels.

Nachwort

Einen wesentlichen Grundstein zur Beurteilung der geistesgeschichtlichen Bedeutung und auch des dichterischen Ranges von Novalis (eigentlich: Georg Friedrich Philipp Freiherr von Hardenberg, 1772–1801) bildet sein theoretisches Werk, das den größeren Teil seiner Produktion darstellt. Das Besondere dieses Werkes liegt darin, daß es – abgesehen von dem geschichtsphilosophischen Essay *Die Christenheit oder Europa* – als Gedankengebäude in einer Fülle von kleineren Bausteinen, den »Fragmenten«, ausgeführt ist. Die in die vorliegende Ausgabe aufgenommenen Fragmentensammlungen *Vermischte Bemerkungen* und *Glauben und Liebe* sowie der Essay *Die Christenheit oder Europa* enthalten die gesamte thematische Breite der philosophischen Reflexionen des Novalis. Diese umfassen, nach Hauptthemen gegliedert, das folgende Spektrum:

- eine neue Erkenntnislehre, die in einer Theorie des Geistes dessen Wesen als dialektische Reflexionsbewegung des wechselweise entgegengesetzten Hineingehens und Herausgehens bestimmt, um den »transzendentalen Gesichtspunkt« für dieses Leben zu finden, der dem Menschen den Weg zur »unsichtbaren Welt«, zum »Lichtreich«, zur »Ewigkeit mit ihren Welten« eröffnet. In diesem Vorgang der »Wiederannahme der anfänglichen Gestalt«, in dem sich der Mensch »seines transzendentalen Selbst« bemächtigt, vollendet sich die »höchste Aufgabe der Bildung«. Diese Gedankenkette geht von der Ich-Reflexion in Fichtes »Wissenschaftslehre« aus und nimmt Motive des Denkens von Frans Hemsterhuis, insbesondere dessen Lehre vom »moralischen Sinn«, auf;
- den Entwurf einer transzendentalen Wissenschaft der »unsichtbaren Welt« in der Gestalt der »höheren Physik«, zu der Platos Ideenlehre, Plotins Lichtmetaphysik, Leib-

niz' Theodizee, Schellings, Fichtes und Friedrich Schlegels Theorien der intellektualen Anschauung und Goethes dichterische Naturanschauung bereits wichtige Bausteine geliefert haben. Goethe »soll der Liturg dieser Physik werden« (HKA IV,275 f.; vgl. Anm. zu S. 85,5). Die religiös-spekulativ-utopische Bedeutung der »höheren Physik« wird in dem Essay *Die Christenheit oder Europa* dargestellt;

- Probleme der schriftstellerischen Erfindungskunst, der Natur der Bücher, der Literatur und Literaturkritik, literarischer Stilmittel wie Witz, Ironie, Wahrheit, Humor und Liebe. In diesen Zusammenhang gehören auch Novalis' Aussagen zur ästhetischen Theorie des Genies, des Geschmacks und der Größe Goethes;
- den Entwurf einer dialektisch-transzendentalen Theorie der Gesellschaft, des Staates, der Geschichte und der Religion. Sie erfolgt begrifflich abstrakt in der theoretischen Konstruktion der Idee des »poetischen Staates« (S. 36, Nr. 122), in der die Gegensätze von Monarchie und Demokratie versöhnt sind; weitere theoretisch-spekulative Bestandteile dieses Reflexionszusammenhanges sind die Ideenentwicklungen der Kunstreligion, der Geschichte als Offenbarung des »heiligen Sinns«, der wahren, ökumenischen Kirche als Gemeinschaft der Gläubigen, die bevorstehende Wiederkunft eines Reiches des Friedens und der Liebe in einem neuen »goldenen Zeitalter«. Die geschichtlichen Paradigmen der französischen Revolution, der Monarchie Friedrich Wilhelms III. und der europäischen Staaten-, Kirchen- und Geistesgeschichte seit dem Mittelalter ermöglichen den Praxisbezug dieser spekulativ-rational-utopischen Konstruktionen, die in den Schriften *Glauben und Liebe* und in *Die Christenheit oder Europa* am historischen Material dialektisch entfaltet werden und umgekehrt die transzendentalen Voraussetzungen der rationalen Lebensdeutung und -praxis darstellen.

Es ist das Verdienst der Novalisforschung, insbesondere Hans-Joachim Mähls, daß die Notwendigkeit einer differenzierten Anwendung des Begriffs ›Fragment‹ auf das theoretische Werk des Novalis nachgewiesen und im einzelnen der inhaltlich und formal heterogene Charakter der Bausteine genauer aufgezeigt wurde. Diese theoretischen Aufzeichnungen umfassen nämlich Notizen, Lektüre-Exzerpte, sich daran anschließende Reflexionen und eine selbständige Weiterbildung der Gedanken sowie kleinere Abhandlungen; des weiteren Studien, die von den Studienheften zu Fichte, Kant, Hemsterhuis u. a. (1795–96) über die »Fragmente und Studien« (1797–98), die naturwissenschaftlichen Studien der Freiberger Zeit (1798–99), das *Allgemeine Brouillon* (1798 bis 1799) bis zu den späten »Fragmenten und Studien« (1799–1800) reichen. Fragmente in Novalis' Sinne als »Anfänge interessanter Gedankenfolgen – Texte zum Denken« (HKA IV,271) bilden die Fragmentensammlungen *Vermischte Bemerkungen* (*Blütenstaub*) und *Glauben und Liebe*, die unter dem Pseudonym »Novalis« 1798, also noch zu Lebzeiten, veröffentlicht wurden. Die oben erwähnten übrigen Teile seines theoretischen Werkes stellen Studien oder, wie das *Allgemeine Brouillon*, Materialiensammlungen zu beabsichtigten Veröffentlichungen dar.

Die ausgewählten Texte bieten dem Leser die Möglichkeit, die Gedankenbildung und -entwicklung Novalis' im Detail und im Zusammenhang zu verfolgen. In jedem einzelnen Fragment entfaltet sich der Erkenntnisvorgang als Ganzes: Problemerkennung, Problemformulierung und -analyse, experimentelle Reflexion, Entdeckung der Wahrheit, aphoristisch-prägnante Aussageformulierung dieser Wahrheit und ihres allgemeinen Beziehungs- und Anwendungsgefüges werden im Fragment auf das Dichteste zusammengedrängt und als Einheit erfahrungsgegebenen Stoffs und apriorischer Form dargestellt.

Vermischte Bemerkungen

Das Manuskript der *Verm. Bem.* – so der Titel in der Handschrift – wurde vermutlich im Dezember 1797 / Januar 1798 niedergeschrieben und ist erhalten. Am 24. Februar 1798 übersandte Novalis eine Reinschrift an A. W. Schlegel mit folgenden Erläuterungen: »Hätten Sie Lust öffentlichen Gebrauch davon zu machen, so würde ich um die Unterschrift *Novalis* bitten – welcher Name ein alter Geschlechtsnahme von mir ist, und nicht ganz unpassend. [. . .] Der Name thut nichts zur Sache und schadet ihr gemeiniglich. [. . .] Steht Ihnen diese Masse an, so kann ich noch mit mehr aufwarten. Ich habe noch einige Bogen logologische Fragmente, Poëticismen, und einen Anfang, unter dem Titel, der Lehrling zu Saïs – ebenfalls Fragmente – nur alle in Beziehung auf die Natur« (HKA IV,251). Die redaktionelle Bearbeitung des Manuskripts übernahm Friedrich Schlegel, der eine stark veränderte Fassung erstellte, die er im April 1798 im ersten Stück des *Athenaeum* unter dem Titel *Blütenstaub* veröffentlichte. Darüber hinaus entnahm Schlegel der Sammlung einige Fragmente, die er dann – vermischt mit eigenen Fragmenten – im Juli 1798 im zweiten Stück des *Athenaeum* erscheinen ließ.[1] Einer entsprechenden Analyse von Richard Samuel zufolge kann die ursprüngliche Komposition und gedankliche Struktur der Fragment-Sammlung nur in der originalen Fassung, den *Vermischten Bemerkungen*, gefunden werden (HKA II,409 f.). Samuel hat das Kompositionsgesetz der Fragment-Sammlung genauer dargestellt; er unterscheidet sieben Gruppen von Aussagen. Die erste Gruppe umfaßt Nr. 1–28, in denen die Erkenntnisreflexion über eine »zweckmäßige Übung der Denkkräfte« in der dialektisch entgegengesetzten Bewegung nach innen und nach außen den Verbindungspunkt von sichtbarer und

1 Vgl. Helmut Schanze, »›Dualismus unserer Symphilosophie‹. Zum Verhältnis Novalis – Friedrich Schlegel«, in: *Jahrbuch des Freien Deutschen Hochstifts 1966*, Tübingen 1966, S. 309–335.

unsichtbarer Welt zu bestimmen sucht, der den Menschen in unmittelbare Verbindung mit dem Universum bringt. Die zweite Gruppe (Nr. 29–40) beschäftigt sich mit dem Schriftsteller und seinen Mitteln Humor, Witz, Geist, Ironie, Wahrheit und Liebe.

Diese Themen verschränken sich mit der dritten Gruppe (Nr. 41–67), in der das Wesen des Gesellschaftlichen dargestellt wird. Es folgt ein Zwischenspiel von drei Fragmenten (Nr. 68–70) über Übersetzung, höchsten Schmerz, rechte Sprache. Die Abhandlung über das Wesen der »wahren Religiosität« (Nr. 71) leitet über zu einer vierten Gruppe (Nr. 72–90), in der die Darstellungsformen der Religion in der Gesellschaft behandelt werden; sie schließt ab mit dem Distichon »Welten bauen genügt nicht [. . .]«. Die fünfte Gruppe (Nr. 91–103) beschäftigt sich mit der Geschichte. Die sechste Gruppe (Nr. 104–120) befaßt sich mit der Natur der Bücher, der zeitgenössischen Literaturkritik und Literatur, in der die wahre Größe sich in Goethe zeigt, der jedoch der Kritiker- und Publikumsignoranz zum Opfer fällt. In der siebten Gruppe (Nr. 121–124) umkreisen staatstheoretische Reflexionen die Möglichkeiten einer Vereinigung der gegensätzlichen Staatsformen von Monarchie und Demokratie (Nr. 122), die in der Idee des »poetischen Staates« gefunden wird, Fragmente, die bereits zu *Glauben und Liebe* überleiten.

Nach der Lektüre des *Blütenstaub* schrieb Novalis' väterlicher Freund, der Kreisamtmann Just am 17./24. November 1798 an Novalis: »Die Idee und Absicht des Ganzen haben Sie meines Erachtens im letzten Fragment angegeben.« (HKA IV,506.) Diese Beobachtung trifft den Kern der Sache, und sie darf uns daher als Leitfaden dienen, um die Grundintention und den Zweck der Sammlung richtig zu beurteilen. In dem erwähnten Fragment ordnet Novalis dem Autor und dem Leser wechselseitig zu übernehmende Rollen des Verstehens und Hervorbringens zu. Der Leser wird auf der nächsthöheren Stufe der erweiterte Autor, der den vorgearbeiteten Gedankenstoff nach ›seiner Idee‹ weiterbearbeitet. Dies wird nur möglich, wenn Form und Inhalt des Textes nicht auf Abgeschlossenheit, Vollendung, Endgültigkeit hin angelegt sind, sondern auf Ergänzung und Weiterführung. Die literarische Form, die diesen Prozeß des Weiterdenkens in der dialektischen Bewegung des Geistes ermöglicht und befördert, ist das Fragment, der Aphorismus. Novalis verdeutlicht die formalen und inhaltlichen Aspekte der Fragmentform und der Fragment-Sammlung in den *Vermischten Bemerkungen* (Nr. 104, 120, 125) und in Briefen an Friedrich Schlegel und Just. So heißt es im Brief an Schlegel vom 26. Dezember 1797: »Es sind Bruchstücke des fortlaufenden Selbstgesprächs in mir – Senker. Du kannst sie dann behandeln, wie Du willst. Revolutionairen Inhalts scheinen sie mir hinlänglich – freylich bin ich noch zu sehr jezt in Vorübungen begriffen. Beweise bleib ich schuldig« (HKA IV,241). Gegenüber Just betont er den Charakter des Gedankenexperiments, der seinen Texten eigne: »Es freut mich, wenn meine abgerissenen Gedanken Ihnen einige beschäftigte Stunden gemacht haben – wenn sie ihnen gewesen sind, was sie mir waren, und noch sind, Anfänge interessanter Gedankenfolgen – Texte zum Denken. Viele sind Spielmarken und haben nur einen transitorischen Werth. Manchen hingegen hab ich das Gepräge meiner innigsten Überzeugung aufzudrücken gesucht.« (HKA IV,270 f.)

Der von Schlegel gewählte Titel *Blütenstaub* leitet sich aus diesem Verständnis des Fragmentes her, das zugrunde liegende Bild liefern das Fragment Nr. 104 wie auch das Motto, das sich nicht im Manuskript der *Vermischten Bemerkungen* findet, sondern in der (verlorenen) reinschriftlichen Druckvorlage gestanden haben muß. Der Fragmentbegriff Friedrich Schlegels weicht hiervon ab: Nach ihm soll sich das gelungene Fragment als »Igel«, als ein kleines, in sich selbst vollendetes Kunstwerk darstellen. Vorbilder für die Fragmentform fanden die Romantiker bei

Lessing, in Graciáns *Handorakel* (1647), Pascals *Pensées* (1670) und bei Chamfort, dem Hauptvertreter der französischen Moralphilosophie (*Maximes et pensées, caractères et anecdotes,* 1795 postum erschienen).
Über die Hauptthemenkreise der *Vermischten Bemerkungen* gibt der Brief an Friedrich Schlegel vom 26. Dezember 1797, also aus der Entstehungszeit des Manuskripts, Aufschluß: »Mancherley ist mir seit 3 Monaten durch den Kopf gegangen. Erst Poësie – dann Politik, dann Physik en Masse. In der Poësie glaub ich festen Fuß gefaßt zu haben – denn es scheint mir, als sey ich überall auf Deine Entdeckungen gestoßen. In der Politik glaub ich nicht ohne Grund au fait zu seyn – Allen, denen ich noch davon gesagt – hat die Wahrheit meiner Sätze einzuleuchten geschienen. In der Physik bin ich noch in der Gährung. Hauptideen glaub ich gefaßt zu haben – aber hier will ich gleich practisch auftreten – zu einem Tractat *vom Lichte*, ist vieles fertig. [...] Die Philosophie verstehe ich immer besser, je tiefer ich in die übrigen Wissenschaften eindringe. [...] Daß wir uns sehn könnten. Meine und Deine Papiere gegen einander auszuwechseln! Du würdest viel Theosophie und Alchymie finden« (HKA IV,242). Dieses ›Symphilosophieren‹ mit Schlegel, das im wesentlichen ein ›Fichtisieren‹ war, zeitigte neben den *Vermischten Bemerkungen* die Fragment-Sammlung *Glauben und Liebe* und auch einen großen Teil der sonstigen Fragmente und Studien aus den Jahren 1797–98. Für die Herausbildung der Methodik und der Denkinhalte der Reflexionen, die sich auf die Fragen der Erkenntnis, des Geistes, der Natur, Kunst, Wissenschaft, des Staates, der Gesellschaft, der Literatur und des Literaturbetriebs sowie auf den Alltag richten, nimmt Fichtes Philosophie, vor allem die *Wissenschaftslehre* (1794) eine zentrale Stellung ein; davon zeugen etwa die Fragmente Nr. 17, 28, 32. Neben Fichte kommen als Anreger in Betracht: Kant, Goethe, Schelling, den Novalis im Dezember 1797 persönlich kennenlernte und mit dem er Freundschaft schloß; weiterhin

Johann Wilhelm Ritter, Franz von Baader, Frans Hemsterhuis, August Ludwig Hülsen und Adam Karl August Eschenmayer. In den *Logologischen Fragmenten* nennt Novalis Baader, Fichte, Schelling, Hülsen und Friedrich Schlegel das »philosophische Directorium in Deutschland«: »Es läßt sich noch unendlich viel von diesem Quinquevirat erwarten. Fichte praesidirt und ist Gardien de la Constitution« (HKA II,529 f.).

In der zeitgenössischen Rezeption des *Blütenstaub* herrschen die positiven Stimmen vor. Beifall spendeten die romantischen Mitstreiter, vor allem Friedrich Schlegel, Schleiermacher und Tieck. Verständnisvoll-distanziert urteilte der Kreisamtmann Just, der am 17./24. November 1798 an Novalis schrieb, es habe ihm »Vergnügen« bereitet, »manchmal ausrufen zu können ›Das ist echter Hardenbergianismus!‹« Er kann jedoch Novalis als »dem modernen Interpreten« des Christentums nicht folgen und ermahnt ihn, er solle »künftig doch mehr auf's Publikum Rücksicht« nehmen (HKA IV,506). Wieland amüsierte sich über die exaltierte Mischung, die »wirklich prächtige Dinge«, aber auch »Affensprünge des verschrobensten, filosofischen Aftergenies« umfaßte.[2] Die Wirkungsgeschichte der Fragment-Sammlung wurde über hundert Jahre lang dadurch beeinträchtigt, daß die Herausgeber der ersten Ausgabe der *Schriften* des Novalis (1802), Tieck und Friedrich Schlegel, die Geschlossenheit der Sammlung auflösten und eine neue Zusammenstellung mit anderen Fragmenten vornahmen. Als Ganzes wurden sowohl *Blütenstaub* als auch die *Vermischten Bemerkungen* erst in den Werkausgaben von Ernst Heilborn (1901) und Jakob Minor (1907) dem Publikum und der Forschung zugänglich gemacht.

2 Brief an K. A. Böttiger, in: K. A. Böttiger, *Literarische Zustände und Zeitgenossen*, Bd. 1, Leipzig 1838, S. 180.

Glauben und Liebe

Den historischen Anlaß der Sammlung *Glauben und Liebe* bildete die Thronbesteigung Friedrich Wilhelms III. am 16. November 1797. Friedrich Wilhelm III., König von Preußen von 1797–1840, war der älteste Sohn Friedrich Wilhelms II. und der Prinzessin Luise von Hessen-Darmstadt. Am 24. Dezember 1793 hatte er Prinzessin Luise, Tochter des Herzogs Karl von Mecklenburg-Strelitz geheiratet, die er während des Feldzugs gegen das revolutionäre Frankreich in Frankfurt am Main kennengelernt hatte. Das Königreich Preußen umfaßte zu dieser Zeit eine Bevölkerung von 10 Millionen Einwohnern. Friedrich Wilhelm III. war bestrebt, die Mißstände, die sich unter der Regierung seines Vaters ausgebreitet hatten, zu beseitigen. Zu den Maßnahmen, die er ergriff, gehörten vor allem die Aufhebung des Religionsediktes, der Zensurregelungen und der Tabakspacht. In der Lebensführung und Hofhaltung achtete er auf Einfachheit, Redlichkeit, Wohlwollen und Pflichttreue. Das königliche Paar, das »Doppelgestirn«, vermittelte immerhin die Vorstellung eines glücklichen häuslichen Familienlebens und konnte so für Novalis, wenn auch nicht konkretes Vorbild, so doch wenigstens Anlaß für das zu entwickelnde Bild eines idealen Fürstenpaares werden.

Die Entstehungszeit von *Glauben und Liebe* ist auf das Frühjahr 1798 zu datieren. Die Handschrift ist nicht erhalten. Novalis schickte das Manuskript, das neben *Glauben und Liebe* die Gedichte unter dem Titel *Blumen* und die *Politischen Aphorismen* enthielt, am 11. Mai 1798 an Friedrich Schlegel nach Berlin mit den folgenden Erläuterungen: »Ich schicke Dir hier etwas, was ich gern *bald* irgendwo abgedruckt hätte. Am besten *schickt* es sich in die Jahrbücher der preußischen Monarchie, ihrem Plane nach. In euer Journal *paßt es*, wie mich dünkt, nicht. Vielleicht *schickte es* sich auch zum einzelnen Abdruck mit einem Bilde des königlichen Paars [...]. In diesem Falle *müßte* es nur mit typographischer Eleganz erscheinen. Ich bitte Dich um die Besorgung dieser kleinen Piéce. *Mach es* mit dem Buchhändler ganz nach Deiner Meynung ab. Dein Urtheil darüber bitt ich mir aus – Dein Bruder und die Schwägerinn haben einzelne Fragmente daraus gehört – und waren damit zufrieden. Ohne Glauben und Liebe ist es nicht zu lesen. Das Andere sagt die Vorrede« (HKA IV,253).

Friedrich Schlegel berichtet am 28. Mai 1798 ausführlich über den Veröffentlichungsvorgang: »Dein M[anu]script wird in den Jahrbüchern gedruckt. Zu einem Werkchen für sich würden wohl alle Buchhändler mehr Popularität verlangt haben, und da ich einige Worte darüber fallen ließ, sah ich daß es nicht ging. Es wird *bald* gedruckt, und daran schien Dir zu liegen. Ja ein Theil davon ist schon gedruckt. Das ist ein Umstand der Dir vielleicht nicht gefallen wird; der aber durchaus nicht zu ändern war. Es ist gewöhnlich und gesetzlich in den Jahrbüchern, recht viele Nummern zu haben, und es giebt auch eine ziemliche Anzahl stehende Artikel. Da war nun Dein Aufsatz für auf einmal zu lang und ich habe endlich einwilligen müssen, daß die Gedichte am Schluß des Stücks, was eben gedruckt ward, geordnet sind, und der Glauben und Liebe ist für den Anfang des nächsten Stücks, und die politischen Aphorismen für das nächstfolgende bestimmt« (HKA IV,493). So erschienen die *Blumen* verstreut im Juni-Heft des Jahrgangs 1798, *Glauben und Liebe* folgte im Juli-Heft, die *Politischen Aphorismen* wurden jedoch von der Zensur unterdrückt, weil der König unwillig auf die veröffentlichten Teile reagiert hatte.[3] Die *Politischen Aphorismen* wurden – ohne Überschrift – erst 1846 von Tieck und Bülow im dritten Band der *Schriften* veröffentlicht.

Woran der König Anstoß genommen hatte, berichtet Schlegel in seinem Brief von Ende Juli 1798: »Unger schreibt mir: ›Ueber einige Aeußerungen in Glauben und Liebe soll der

3 Vgl. dazu Schlegels Brief vom 9. August 1798, HKA IV,499.

König etwas verdrießlich gewesen seyn. Er hat gesagt: Von einem König wird mehr verlangt als er zu leisten fähig ist. Immer wird vergessen daß er ein Mensch sey. Man solle nur einem Mann, der dem König Pflichten vorhält vom Schreibepult zum Thron bringen und dann wird er erst die Schwierigkeiten sehen die [ihn] umgeben und die nicht möglich zu heben sind. – Er hat durch den Minister Schulenburg den Verfasser wissen wollen. – Im Allgemeinen wird dieser Aufsatz bewundert. Jedermann ist damit zufrieden.‹ [. . .] Schulenburg hat sich recht angelegentlich bei U[nger] nach d[em] Verfasser erkundigt. Die Sache macht Aufsehn. Aber Dein Geheimnis ist wohl verwahrt geblieben« (HKA IV,497 f.). Dies belegt, daß die negativ akzentuierte Reaktion des Hofes durchaus nicht der allgemeinen Einschätzung entsprach, im Gegenteil war die Wirkung auf die Zeitgenossen positiv. Auch der Freundes- und Bekanntenkreis des Novalis nahm *Glauben und Liebe* mit Zustimmung und Hochschätzung auf. Symptomatisch dafür darf das Urteil des nüchternen Kreisamtmannes Just gelten, der Novalis' Ausbildung als Salinenassessor überwachte: »Wir haben im Allgemeinen schöne Stellen darin gefunden, und wenn ich sie alle bezeichnen sollte, müßte ich den größten Theil dieser Gesänge bezeichnen.« Im selben Schreiben zeigt Just ein feines und kluges Verständnis für Novalis' Grundintentionen: »Doch wenn sich nach diesem Aushängeschild ein Monarch in Ihnen einen eingefleischten Monarchisten kaufen wollte, [. . .] würde er sich trefflich betrogen finden« (HKA IV,505).[4]

4 Die Um- und Weiterbildung politischer Anschauungen des Novalis durch Adam Müllers *Elemente der Staatskunst* (1808/09) im Sinne einer konservativ-reaktionären Staats- und Wirtschaftslehre wirken bis in die gegenwärtige Rezeption nach. Die marxistische Literaturwissenschaft sieht in Novalis' Postulaten des königlichen Menschen und in seinem Ideal des poetischen Staates einen Rückfall hinter die Positionen der französischen Aufklärung, da schon Holbach und Helvetius Skepsis gegenüber solchen Ideen äußerten. In ähnlicher Weise kritisieren Vertreter der bürgerlichen Geschichtsschreibung die Befangenheit des Novalis in konservativ-monarchistischer Ideologie. Jür-

Mit der Veröffentlichung der Fragment-Sammlung *Glauben und Liebe* ergriff Novalis zwar die Möglichkeit, seine Vorstellungen vom poetischen Staat am historisch-konkreten Modell der beginnenden Ära Friedrich Wilhelms III. von Preußen zu entwickeln, wobei das Königspaar, in dem Novalis die Verwirklichung seines Familienideals gesehen hat, den Kristallisationspunkt bildete.[5] Dennoch ist *Glauben und Liebe* weder eine Staatsverklärungs- noch eine Staatsverneinungsschrift, sie bietet vielmehr die Beschreibung der Poetisierung des Staates als reales Ziel des historischen Geschehens aus dem Geist der philosophischen Reflexion, im Medium der poetischen Sprache und aus dem Ethos der geistbezogenen Selbstbestimmung. Die zentralen Gedanken seiner Staats- und Gesellschaftsanschauung entwickelte Novalis bereits in den *Vermischten Bemerkungen*, Nr. 122, das als Keimzelle von *Glauben und Liebe* anzusehen ist.[6] In diesem Fragment, das in *Blütenstaub* nicht enthalten ist, findet sich die Theorie des poetischen Staates in nuce; weitere grundlegende Elemente sind in *Glauben und Liebe* ausgeführt: der Gedanke der Thronfähigkeit aller Menschen (Nr. 18) und der Vereinigung der Gegensätze von Republik und Königtum sowie von Monarchie und Demokratie im poetischen Universal-Staat, dessen Repräsentation im Königspaar seinen vollendeten Ausdruck findet.

Diese Sicht der Dinge ist keineswegs blind gegenüber konkreten Übelständen, sondern nennt diese beim Namen,

gen Kreft (»Die Entstehung der dialektischen Geschichtsmetaphysik aus den Gestalten des utopischen Bewußtseins bei Novalis«, in: *Deutsche Vierteljahrsschrift für Literaturwissenschaft und Geistesgeschichte* 39, 1965, S. 213–245, hier S. 230) führt als Gegenargumente gegen ein solches Mißverständnis an, daß die Aufgaben, die Novalis dem Monarchen stellt, nicht mit dem traditionellen monarchistischen Rollenverständnis in Übereinstimmung zu bringen sind; und daß Novalis außerdem auf das Legitimitätsprinzip als wichtigstem konservativen Argument zur Verteidigung der Monarchie verzichtet.

5 Vgl. Hans-Joachim Mähl, *Die Idee des goldenen Zeitalters im Werk des Novalis. Studien zur Wesensbestimmung der frühromantischen Utopie und zu ihren geschichtlichen Voraussetzungen*, Heidelberg 1965, S. 330.

6 Vgl. Richard Samuel, HKA II,475.

kleidet die Kritik jedoch mit Vorliebe in das Gewand von Reformvorschlägen. Novalis kritisiert die »absolutistische Ideologie des von der Obrigkeit verordneten Wohlfahrtsstaates«[7], die das staatliche und gesellschaftliche Zusammenleben vornehmlich auf den Eigennutz der Bürger gründet. Weitere kritische Einwände beziehen sich auf die mangelnde Staatsgesinnung und den moralischen Verfall der Fürstenhöfe, auf zu geringe Information der Herrscher über die Erkenntnisse und Ergebnisse der wissenschaftlichen Forschung, auf die merkantilische Wirtschaftsordnung, die soziale Stellung der Frau, insbesondere deren Ausbeutung in der Prostitution. Wenn Novalis in den *Vermischten Bemerkungen*, Nr. 115, über Edmund Burkes Buch sagt, es sei »ein revolutionaires Buch gegen die [französische] Revolution«, so darf dies auch für seine eigene Staatsschrift gelten, die auf den Weg der evolutionären Erneuerung aus den romantischen Idealen des Friedens, der Liebe und Poesie verweist. Die theoretischen Ansatzpunkte findet Novalis in Fichtes Philosophie, wie die *Fichte-Studien* der Jahre 1795–96 belegen; sie werden im ›Symphilosophieren‹ mit Friedrich Schlegel in den folgenden beiden Jahren weiterentwickelt, sind aber inhaltlich geprägt von Novalis' Geist.

Die Christenheit oder Europa

Die Schrift wurde von Novalis in wenigen Wochen von Anfang Oktober bis zum 9. November 1799 verfaßt. Zahlreiche Ausführungen in den Studienheften aus dem Oktober 1799 enthalten allgemeine Reflexionen mit religions- und geschichtsphilosophischem Inhalt: »Warum kann in der Religion keine Virtuositaet statt finden? Weil sie auf *Liebe*

7 Vgl. Dieter Klawon, *Geschichtsphilosophische Ansätze in der Frühromantik*, Frankfurt a. M. 1977 [Diss.], S. 77.

beruht. Schleiermacher hat Eine Art *von Liebe*, von Religion verkündigt – eine *Kunst*religion – beynah eine R[eligion] wie die des *Künstlers*, der die Schönheit und das Ideal verehrt. Die Liebe ist frey – Sie wählt das Ärmste und Hülfsbedürftigste am Liebsten.« (HKA III,562.)
Zur Geschichtsdarstellung und -deutung notiert sich Novalis: »Behandlung der Geschichte, als *Evangelium.*« (HKA III,565.) Geschichte soll als Heilsgeschichte verstanden werden, d. h. als ein Entwicklungsganzes, das Vergangenheit und Zukunft vereinigt. Das Geschichtsbild der Schrift deutet sich in diesen Aussagen schon an.
Der Gedanke der *»Kunst*religion«, der Geschichtsbetrachtung als *»Evangelium«*, verbindet sich mit der Auffassung der Geschichte als *»Gedicht«* und »Fabel« (HKA III,566), wobei Novalis die untrennbaren Beziehungsverhältnisse des Ganzen und des Teils, der Weltgeschichte und der Geschichten, betont: »Partielle Geschichten sind durchaus nicht möglich – Jede Geschichte muß Weltgeschichte seyn, und nur in Beziehung auf die ganze Geschichte ist historische Behandlung eines einzelnen Stoffs möglich« (HKA III,566).
Zur Vorbereitung seines Essays studiert Novalis zahlreiche historische und geschichtsphilosophische Werke. Zu erwähnen sind vor allem Lessing, Herder, Kant und Schiller. Friedrich Schleiermachers Werk *Über die Religion. Reden an die Gebildeten unter ihren Verächtern*, das im selben Jahr der Entstehung von Novalis' Essay erschien, hat Pate gestanden, ebenso größere Darstellungen zeitgenössischer Geschichtsschreiber wie Edward Gibbon, Johannes von Müller oder Ignaz Schmidt.
Grundthema ist die geistig-religiöse Erneuerung des Menschen durch die Wiederbelebung des »heiligen Sinns«, des Sinnes für das Unsichtbare, der das religiöse Organ des Menschen ist, gespeist aus den Kräften des Herzens. Von diesem Sinn heißt es, daß er zwar niemals vernichtet werden, daß er aber verdrängt und vergessen werden kann von

anderen Sinnen und vom Trachten nach Wissen und Besitz. So ist dieser Sinn nicht statisch zu verstehen, sondern ist im dynamischen Werden und Vergehen, das in dialektischen Phasen von These und Antithese verläuft und den Vorgang der Oszillation darstellt als »Wechsel entgegengesetzter Bewegungen«. Darin liegt die zeitliche Erscheinungsform des überzeitlichen Sinnes.

Der Essay unternimmt den Versuch, den Stoff der europäischen Menschheitsgeschichte unter dem Formgesetz des höheren Sinnes zu ordnen und zu deuten, ein theoretisch-rationales Verfahren der Betrachtung, dem umgekehrt jedoch das praktisch-rationale Verfahren zugeordnet ist, das die Entwicklungslinie des religiösen Organs im geschichtlichen Erfahrungsstoff aufspürt. In diesem Erkenntnisverfahren sind einige Prinzipien als Leitgedanken herauszuheben:

1. Der »heilige Sinn« und die Gegen-Sinne und -Mächte (Verstand, Nutzen) bilden das ideelle Substrat der Geschichte. Sie sind damit die Bedingungen der Möglichkeit, den Geschichtsprozeß empirisch zu erforschen.
2. Die Zeiten und Perioden des Geschichtsprozesses verlaufen, wie bereits angedeutet, als Oszillationsbewegung, d. h. als »Wechsel entgegengesetzter Bewegungen«, die jedoch im Sinn des Ganzen in Versöhnung ausmünden.
3. Zur Deutung der in den geschichtlichen Abläufen wirkenden transzendentalen und immanenten Grundkräfte dient als methodisches Prinzip der »Zauberstab der Analogie«.
4. Der idealistisch-fichteanische Ansatz, der Novalis' Geschichtsdenken eignet, zeigt sich darin, daß Geschichte nicht schon als objektives, in sich bestehendes Geschehen angesehen wird, sondern erst durch den Akt des bewußten Auffassens, der Aneignung und Deutung, d. h. durch eine Reihe theoretisch-praktischer Handlungen des Subjekts als empirischer Vorgang konstituiert wird. Das löst den Historiker aus einer rein analysierenden, zuschauenden Rolle und bin-

det ihn ein in die aktive Teilnahme als Handelnder und Gestaltender von Gegenwart und Zukunft.

Die Intention, die Novalis verfolgt, liegt aber nicht im stringent-diskursiven Argumentieren für Philosophen und Wissenschaftler, sondern er möchte überzeugen und mitreißen und wendet sich daher an alle, denen die Veränderung der Zustände am Herzen liegt. Daher nennt er seinen Versuch »Rede«, eine Gattung, die er besonders zu pflegen beabsichtigte, wie eine Reihe von Aufzeichnungen des Jahres 1799 belegen: »Die Europa schikt mir wieder«, schreibt er am 31. Januar 1800 an Friedrich Schlegel, »– ich habe eine andre Idee damit – Sie kann mit einigen Veränderungen zu einigen andern öffentlichen Reden kommen, und mit diesen besonders gedruckt werden. Die Beredsamkeit muß auch gepflegt werden und der Stoff ist herrlich, z. B. Reden an Buonaparte, an die Fürsten, ans europäische Volk, für die Poesie, gegen die Moral, an das neue Jahrhundert« (HKA IV,317 f.). Der Charakter der vorliegenden »Rede« umfaßt scharfsinnige Analyse, geschichtsphilosophische Deutung, prophetische Vision und begeisternden Appell an die Hörer. Das zugrunde liegende Geschichtsbild enthält das aufklärerisch-optimistische Grundmuster, wie es bei Novalis' Zeitgenossen, vor allem auch bei Lessing und Schiller, durchaus verbreitet war. Dieses Grundmuster kennt drei grundlegende Phasen des Geschichtsablaufs der Menschheit: Im Anfang herrschte ein »goldenes Zeitalter«, von Novalis jedoch nicht in mythische Vorzeit, sondern auf das europäische Mittelalter projiziert und als Epoche »der echtkatholischen oder echt christlichen Zeiten« beschrieben; es folgt die Zeit der realen Geschichte, die durch Kampf, Widerstreit und Entfremdung gekennzeichnet ist; danach soll dann wiederum ein neues Reich des Friedens, des Glaubens und der Liebe die Herrschaft antreten. Es ist der optimistische Vernunftglaube, daß der Mensch nicht die Kraft und die Fähigkeit verloren habe, um für ein solches neues »goldenes Zeitalter« reif zu werden. Dieses utopische Geschichtsbild überträgt Novalis in seiner Schrift auf die europäische Staaten-, Kirchen-, Religions- und Geistesgeschichte in ihrer Entwicklung vom Mittelalter bis in die Neuzeit des ausgehenden 18. Jahrhunderts, seiner Gegenwart.

Im dreiteiligen gedanklichen und formalen Aufbau der Schrift spiegelt sich die apriorische Konstruktion der Geschichte: Der erste Teil enthält eine Schilderung des christlichen Glaubensreiches im europäischen Mittelalter. Der zweite Teil stellt die Herrschaft des Nutzens und des Verstandes dar. Sie ist gekennzeichnet durch eine materialistische, irreligiöse Grundeinstellung, durch Egoismus, durch Verfall der kirchlichen Autorität und Institutionen, durch reformatorische und revolutionäre Bewegungen. In allen diesen antagonistischen Prozessen bilden sich immer wieder Keime und Kristallisationen für die Wiederbelebung und Erneuerung des religiösen Sinnes, von Novalis diagnostiziert vor allem in der Gründung und im Wirken des Jesuitenordens, im Aufschwung der Wissenschaften und der Aufklärung in Frankreich und Deutschland, wobei Novalis in Deutschland die kräftigsten Zeichen und solidesten Taten für die geistige und religiöse Erneuerung Europas feststellt. Der dritte Teil mündet in einen visionären Ausblick auf den notwendigen Anbruch des Reichs der Freiheit und des ewigen Friedens.

Die Rezeptionsgeschichte der Schrift ist von Anfang an kontrovers verlaufen. Die vorherrschenden Tendenzen waren Ablehnung, Unverständnis und ideologisch-weltanschauliche Verurteilung. Am 13. und 14. November 1799 hatte Novalis den Essay vor dem Romantikerkreis in Jena vorgelesen. Das Echo war zwiespältig; der vorgesehene Abdruck im *Athenaeum* wurde nicht vorgenommen, da Goethe, der in dieser Frage von den Romantikern als ›Schiedsrichter‹ angerufen worden war, von einer Publikation abriet. Im 2. Band der ersten, zweiten und dritten

Auflage (1802, 1805, 1815) der von Friedrich Schlegel und Tieck herausgegebenen *Schriften* erschienen lediglich einige Auszüge, in der vierten Auflage (1826) wurde dann *Die Christenheit oder Europa* am Ende des 1. Bandes erstmals vollständig abgedruckt, und zwar auf Veranlassung des Verlegers Georg Reimer, dem Schlegel am 30. März 1806 für die zweite Auflage eine Abschrift »des Aufsatzes die Christenheit« zugesandt hatte, nachdem diese Auflage jedoch bereits erschienen war. Schlegels erneuter Vorschlag (8. April 1815) für die dritte Auflage, die »Rede, welche [. . .] den Titel *Europa* führt« vollständig zu publizieren, war wiederum zu spät gekommen.

Die Gründe für die romantische Ablehnung führt Tieck in der »Vorrede« zur fünften Auflage (1837) an, die dann wieder nur die schon in den ersten drei Auflagen enthaltenen Auszüge brachte: »Wir fanden die historische Ansicht zu schwach und ungenügend, die Folgerungen zu willkührlich, und die ganze Abhandlung schwach, so daß sehr leicht die Blößen von jedem Kundigen entdeckt werden konnten.«[8]

Schon Schleiermacher urteilte über das Papsttum, im Gegensatz zu Novalis, skeptisch-negativ, da nach seiner Meinung »das Pabstthum [. . .] für das Verderben des Katholicismus« verantwortlich war.[9] Wilhelm Dilthey erhebt den Vorwurf der Ahistorizität, der sich bis in die heutige Beurteilung ausgewirkt hat. Er sagt in seinem Novalis-Essay von 1865: »Es ist das die unhistorische Anschauung, welche der heiligen Allianz ein christliches Gewand lieh.«[10] In die gleiche Richtung zielt das Verdikt des Marxisten Claus Träger, wenn er über die Schrift des Novalis sagt, sie sei »die eigentliche Programmschrift der Frühromantik«, die »im

8 Ludwig Tieck, »Vorrede«, in: Novalis, *Schriften*, hrsg. von Friedrich Schlegel und L. T., 5. Aufl., Berlin 1837, Bd. 1, S. XXXV.

9 Ludwig Jonas / Wilhelm Dilthey, *Aus Schleiermachers Leben*, 3 Bde., Berlin 1858–63, Bd. 3, S. 139.

10 Wilhelm Dilthey, *Das Erlebnis und die Dichtung*, Berlin ^{3}1910, S. 298.

Dienste des Obskurantismus« auf die Rechtfertigung des »Ancien régime« ausgehe.[11]
Eine solche Deutung läßt sich, unter Berücksichtigung der oben dargestellten Grundlagen und des Wortlauts der »Rede« nicht rechtfertigen. Novalis geht vielmehr davon aus, daß die Wiederherstellung eines abgestorbenen Alten niemals eine geistig-moralisch-religiöse Erneuerung der Menschheit bringen kann; auch denkt er nicht primär an die praktische, interessenbezogene Politik, an den »Standpunkt der Kabinette«, die niemals eine Vereinigung, einen »Ewigen Frieden« zustande bringen werden. Die Erneuerung muß aus der Wiederbelebung des »heiligen Sinns« hervorgehen, erst aus der Regeneration des religiösen Wesens des Menschen wird sich eine grundlegende Veränderung ergeben. Der geheimnisvolle »Weg nach Innen« wird die revolutionären Umwälzungen der Staaten und Völker anknüpfen »an die Höhen des Himmels«, wird ihnen Beziehung geben »auf das Weltall«, auf das Reich der Freiheit und des »ewigen Friedens«, in welchem sich der evolutionäre Gang der Geschichte vollendet.
Die Modernität der ästhetischen und poetologischen Reflexionen des Novalis hat Hugo Friedrich aufgedeckt, indem er im einzelnen nachgewiesen hat, daß die theoretischen Aussagen des Novalis zur Ästhetik und Lyriktheorie in den Werken der modernen französischen Lyrik, insbesondere im Symbolismus, ihre dichterische Verwirklichung gefunden haben.[12] Was Hugo Friedrich für die Ästhetik, das hat einige Jahre früher Theodor Haering für die geschichtliche und systematische Bedeutung von Novalis' Philosophie und Hugo Kuhn für Novalis' Theorie der ›poetischen Synthesis‹

11 Claus Träger, »Novalis und die ideologische Restauration. Über den romantischen Ursprung einer methodischen Apologetik«, in: *Sinn und Form* 13 (1961) S. 618–660, hier S. 646, 648, 652.
12 Vgl. Hugo Friedrich, *Die Struktur der modernen Lyrik. Von der Mitte des 19. bis zur Mitte des 20. Jahrhunderts,* erw. Neuausg., Reinbek bei Hamburg 1968, S. 27–30.

geleistet, in der die Ursprünge und Krisen des modernen Bewußtseins zum Ausdruck kommen.
Theodor Haering stellt den systematischen Zusammenhang des theoretischen Werkes dar und wertet die philosophische Leistung als gleichrangig mit der Fichtes und Schellings. Haering zeigt, daß Novalis die idealistischen Systeme und die Ergebnisse der damaligen Wissenschaften aus seinem ursprünglichen selbständigen Denken weiterentwickelt und in seinem System des »Repräsentationsidealismus« eine eigenständige philosophische Theorie ausgebildet hat.
Den aktuellen Charakter des politischen Denkens von Novalis betont Richard Faber. Sein an Ernst Blochs utopischem Denkansatz orientiertes Novalis-Verständnis erkennt vor allem in der Staatsauffassung von *Glauben und Liebe* und in der Religions- und Geschichtsauffassung von *Die Christenheit oder Europa* den utopisch-revolutionären Gehalt und den auf Praxis und Alltagsrealität gerichteten Veränderungswillen. Novalis' »apriorisches Denken und Dichten heißt nicht mehr zeitüberlegen – ›metaphysisch‹ –, sondern ›vom Voraus her‹ denken und dichten«.[13] Faber hebt die Vorläuferschaft des Novalis hinsichtlich der »Rezeption der ›schwärmerisch‹-apokalyptischen Tradition des Christentums«, insbesondere im utopischen Denken Ernst Blochs, hervor und konstatiert eine »utopische Vorläuferschaft des Novalis« für die Studentenbewegung am Ende der sechziger Jahre. Er versteht »viele der Pariser Wandinschriften des 68er Mai« als »reine, nämlich Hardenberg'sche Romantik«: »›Le rêve est la realité.‹ (Novalis: ›Die Welt ist Traum / Der Traum ist Welt.‹)« Auch die Hauptparole der Studentenrevolte, »l'imagination prend le pouvoir«, könne sich direkt auf die folgende Aussage des Novalis berufen: »Aus d[er] produkt[iven] Einb[ildungs] Kr[aft] müssen alle inneren Verm[ögen] und Kräfte – und alle äußern Verm[ögen] und Kr[äfte] deducirt werden« (HKA III,413).[14]

13 Richard Faber, *Novalis. Die Phantasie an die Macht*, Stuttgart 1970, S. 62.
14 Faber, *Novalis. Die Phantasie an die Macht*, S. 11 f.

Die dialektische Grundstruktur der politischen Gedankenwelt des Novalis ist vielfach verkannt und als ›reaktionär‹ fehlinterpretiert worden. Die Grundintention des Novalis ist jedoch weder auf restaurative Rechtfertigung des Bestehenden noch auf revolutionären Umsturz der staatlichen und moralischen Ordnungen gerichtet, sondern auf die geistige Erneuerung aus den Kräften der Liebe und der Poesie, in der die Zersplitterung der Wissenschaft, die Isolierung der Kunst und die Zerrissenheit des Lebens überwunden und die Mächte des Verstandes, der Phantasie und des Herzens versöhnt sind. Die Maxime solchen Denkens und Handelns lautet: »Sei so gut und poetisch als möglich« (S. 36, Nr. 122).

Inhalt

Lyrik-Ausgaben

IN RECLAMS UNIVERSAL-BIBLIOTHEK

Deutsche Literatur · Eine Auswahl

Anthologien

Berlin! Berlin! 8400
Deutsche Arbeiterdichtung 1910–1933. 9700
Deutsche Balladen. 8501 (auch geb.)
Deutsche Gedichte. 8012 (auch geb.)
Deutsche Gedichte 1930–1960. 7914
Deutsche Gedichte der sechziger Jahre. 8211
Deutsche Großstadtlyrik. 9448
Deutsche Liebeslyrik. 7759 (auch geb.)
Deutsche Lyrik-Parodien. 7975 (auch geb.)
Deutscher Minnesang (1150–1300). 7857
Deutsche Sonette. 9934 (auch geb.)
Deutsche Unsinnspoesie. 9890
Gedichte des Barock. 9975
Gedichte des Expressionismus. 8726
Gedichte der Romantik. 8230 (auch geb.)
Der Göttinger Hain. 8789
»Komm, heilige Melancholie«. 7984 (auch geb.)
Konkrete Poesie. 9350
Lateinische Gedichte deutscher Humanisten. Zweispr. 8739
Lyrik des Exils. 8089
Lyrik des Jugendstils. 8928
Lyrik des Naturalismus. 7807
Lyrik für Leser. 9976
Meistersang. 8977
Moderne deutsche Naturlyrik. 9969
Nichts ist versprochen. Liebesgedichte der Gegenwart. 8559

Einzelausgaben

Angelus Silesius: *Cherubinischer Wandersmann.* 8006
Benn, Gottfried: *Gedichte.* 8480

Brentano, Clemens: *Gedichte.* 8669
Brockes, Barthold Heinrich: *Irdisches Vergnügen in Gott.* 2015
Bürger, Gottfried August: *Gedichte.* 227
Chamisso, Adelbert v.: *Gedichte und Versgeschichten.* 313
Claudius, Matthias: *Aus dem Wandsbecker Boten.* 7550
Domin, Hilde: *Abel steh auf.* 9955
Droste-Hülshoff, Annette v.: *Gedichte.* 7662
Eichendorff, Joseph v.: *Gedichte.* 7925
Enzensberger, Hans Magnus: *Dreiunddreißig Gedichte.* 7674
Fleming, Paul: *Deutsche Gedichte.* 2455
Freiligrath, Ferdinand: *Gedichte.* 4911
George, Stefan: *Gedichte.* 8444
Goethe, Johann Wolfgang: *Gedichte.* 6782
Goll, Yvan: *Ausgew. Gedichte.* 8671
Gomringer, Eugen: *konstellationen.* 9841
Grass, Günter: *Gedichte.* 8060
Grillparzer, Franz: *Gedichte.* 4401
Gryphius, Andreas: *Gedichte.* 8799
Günther, Johann Christian: *Gedichte.* 1295
Haller, Albrecht v.: *Die Alpen und andere Gedichte.* 8963
Hartmann von Aue: *Lieder.* Zweispr. 8082
Hebbel, Friedrich: *Gedichte.* 3231
Hebel, Johann Peter: *Alemannische Gedichte.* Zweispr. 8294
Heine, Heinrich: *Gedichte.* 8988
Heinrich von Morungen: *Lieder.* Zweispr. 9797
Herwegh, Georg: *Gedichte und Prosa.* 5341
Heym, Georg: *Dichtungen.* 8903
Hille, Peter: *Neue Welten.* 5101
Hölderlin, Friedrich: *Gedichte.* 6266
Hofmann v. Hofmannswaldau, Christian: *Gedichte.* 8889
Holz, Arno: *Phantasus.* 8549
Jandl, Ernst: *Laut und Luise.* 9823 – *Sprechblasen.* 9940
Kästner, Erich: *Gedichte.* 8373
Karschin, Anna Louisa: *Gedichte und Lebenszeugnisse.* 8374
Kiwus, Karin: *39 Gedichte.* 7722
Kleist, Ewald Christian v.: *Sämtliche Werke.* 211
Klopstock, Friedrich Gottlieb: *Oden.* 1391
Krolow, Karl: *Gedichte und poetologische Texte.* 8074
Kuhlmann, Quirinus: *Der Kühlpsalter.* (Ausw.) 9422
Kunert, Günter: *Gedichte.* 8380
Lehmann, Wilhelm: *Gedichte.* 8255
Lenau, Nikolaus: *Gedichte.* 1449

Lenz, Jakob Michael Reinhold: *Gedichte.* 8582
Lessing, Gotthold Ephraim: *Sämtliche Gedichte.* 28
Die Lieder des Archipoeta. Zweispr. 8942
Liliencron, Detlev v.: *Gedichte.* 7694
Logau, Friedrich v.: *Sinngedichte.* 706
Mayröcker, Friederike: *Das Anheben der Arme bei Feuersglut.* 8236
Meckel, Christoph: *Verschiedene Tätigkeiten.* 9378
Meyer, C. F.: *Gedichte.* 6941 – *Sämtliche Gedichte.* 9885
Mörike, Eduard: *Gedichte.* 7661
Mombert, Alfred: *Gedichte.* 8760
Morgenstern, Christian: *Galgenlieder u. a.* 9879 – Alle Galgenlieder. (Gebunden)
Mühsam, Erich: *Trotz allem Mensch sein.* 8238
Neidhart von Reuental: *Lieder.* Zweispr. 6927
Nietzsche, Friedrich: *Gedichte.* 7117
Novalis: *Gedichte. Die Lehrlinge zu Sais.* 7991
Opitz, Martin: *Gedichte.* 361
Platen, August v.: *Gedichte.* 291
Rilke, Rainer Maria: *Gedichte.* 8291
Roth, Eugen: *Menschliches in Scherz und Ernst.* 7486
Rückert, Friedrich: *Gedichte.* 3672
Schiller, Friedrich: *Gedichte.* 7714
Schubart, Christian Friedrich Daniel: *Gedichte.* 1821
Spee, Friedrich: *Trvtz-Nachtigal.* 2596
Stadler, Ernst: *Der Aufbruch und ausgewählte Gedichte.* 8528
Stieler, Kaspar: *Die geharnschte Venus.* 7932
Storm, Theodor: *Gedichte.* 6080
Stramm, August: *Dramen und Gedichte.* 9929
Trakl, Georg: *Werke – Entwürfe – Briefe.* 8251 (auch geb.)
Uhland, Ludwig: *Gedichte.* 3021
Vesper, Guntram: *Landeinwärts.* 8037
Voss, Johann Heinrich: *Idyllen und Gedichte.* 2332
Weckherlin, Georg Rodolf: *Gedichte.* 9358
Wedekind, *Gedichte und Lieder.* 8578
Weerth, Georg: *Gedichte.* 9807
Wolkenstein, Oswald v.: *Lieder.* Zweispr. 2839

Philipp Reclam jun. Stuttgart